都市計画家・伊藤滋が見た

東北復興縦断
2011-2021

伊藤 滋 編著

はじめに

2011年7月2日。日本のみならず世界に大きな衝撃を与えた東日本大震災の発生からまもなく4カ月が経とうとしていた。羽田空港で日本航空1225便に乗り込んだ私たちは三沢空港に降り立った。ここから1台のレンタカーを借りて被災地を北から南へと駆け足で縦断する。その後、10年間続くことになる視察旅行の最初の一歩が今まさに踏み出されようとしていた——。

2011年から2021年の10年間にわたって、ある小さなグループが、年に一度、東日本大震災の津波被災地の縦断視察を行ってきた。この本は、その記憶をとどめるものとして編まれた。

私たちのグループは、都市計画家・伊藤滋を団長とし、デベロッパーや都市計画事務所に所属するメンバーで構成されている。私たちは日頃からさまざまなプロジェクトや研究会などで一緒に都市計画・まちづくりの仕事をしてきていたが、今回のように、あるエリアを継続的にウォッチする視察旅行を重ねるようなことは、過去にあまり例のない試みだった。特に、どこかのまちの復興過程に直接的に関わるというわけでもなく、いわばただの旅人として、旅する都市計画家たちとして、10年にわたり、同じルートを縦断視察するというような企画は初めてだったと言える。これは、私たちにとってというだけでなく、

周りを見回してみても過去にあまり類例がないのではないかと思う。どこか被災地の復興の現場に深く入り込むのではなく、ただ北から南へと広く浅く繰り返し見て回る。こういう関わり方だからこそ見えてくるような復興の相貌があるのではないか。そんな思いとともに、10年間の視察旅行のエッセンスをこの1冊に綴じ込めてみようと試みた。

本書の中心をなすのは、10年間にわたって撮り続けてきた写真だ。北は岩手県久慈市から南は福島県富岡町まで、海沿いの市町村の被災と復興の様子を毎年カメラに収めてきた。そこには、被災市街地の復興の歩みが残されている。しかしその歩みは、子どもの健やかな成長をとどめる柱の傷がだんだんと高くなっていくようにわかりやすくは現れてこなかったように思う。現地に身を置けば、復興に向けたたゆまぬ努力が続けられていることは感じられるのだが、目に見える成果として感じ取れない場面も少なくなかった。しかし、改めて10年分の写真を一覧してみると、どの場所も次代へとつなげる歩みをやめなかったことが感じられる。関係者の努力に最大限の敬意を表したい。本書のページを繰るなかから、未来に向けた被災地の歩みとその努力の一端を感じていただければ幸いである。

《視察行程について》

毎年の視察は、大まかには右の地図に示すルートを4日ないし6日をかけて北から南へと下っていく形で行われた。

東日本大震災の起きた2011年から10年後の2021年まで、新型コロナウイルス感染症のパンデミックにより視察を断念した2020年を除く10回にわたり視察旅行を実施した。

① 2011年7月2日〜7月5日
② 2012年8月3日〜8月7日
③ 2013年10月10日〜10月14日
④ 2014年7月19日〜7月22日
⑤ 2015年7月20日〜7月23日
⑥ 2016年7月24日〜7月28日
⑦ 2017年7月22日〜7月26日
⑧ 2018年7月20日〜7月24日
⑨ 2019年7月19日〜7月23日
　　（2020年 中止）
⑩ 2021年10月14日〜10月19日

本書において写真に添えられた西暦年は、特に断りのない限り、上記の視察において撮影された年次を示している。

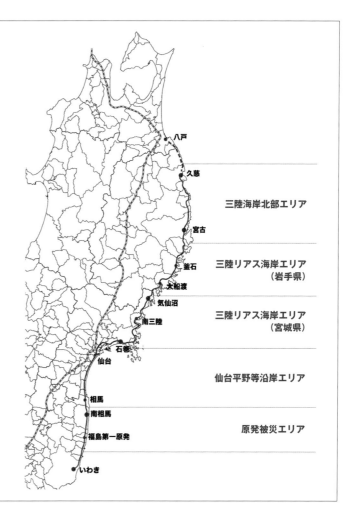

八戸
久慈

三陸海岸北部エリア

宮古

三陸リアス海岸エリア
（岩手県）

釜石
大船渡
気仙沼

三陸リアス海岸エリア
（宮城県）

南三陸
石巻
仙台

仙台平野等沿岸エリア

相馬
南相馬
福島第一原発

原発被災エリア

いわき

CONTENTS

東北復興縦断2011-2021

三陸海岸北部エリア

洋野町

久慈市 **久慈湊小学校**

久慈市 **久喜浜**

久慈市

野田村 **役場周辺**

野田村

普代村 **普代水門・太田名部防潮堤**

普代村

田野畑村 **羅賀荘**

田野畑村

岩泉町

宮古市 **グリーンピア三陸みやこ**

宮古市 **田老**

宮古市 **浄土ヶ浜**

宮古市 **鍬ヶ崎**

宮古市

山田町

大槌町

0　　　　　　　30km

震災の爪痕

宮古市田老

宮古市田老

宮古市田老

宮古市田老

宮古市

宮古市

宮古市鍬ヶ崎

2014

津波が乗り越えて壊れた防潮堤は、かさ上げ工事が行われていた

久慈市久喜浜

　2011年、縦断の旅のスタートに、私たちは久慈市役所を訪問した。久慈の沿岸を津波が襲う様子を映したDVDを見せてもらったのだが、そのなかに市の南端に位置する久喜浜の映像があった。津波は海岸沿いの12mの防潮堤をあっさりと乗り越え、高台に避難した住民が見つめるなか、緩やかな斜面に沿って建ち並んでいた住宅をいとも簡単に押し流していた。

　実際に久喜浜を訪れてみた。斜面を見ると、津波に流され

た低い辺りは更地に、1階部分が浸水した中腹の住宅は復旧工事中、さらにその上は何事もなかったかのように住宅が並んでいる。まさに海からの高さが被害を分けていた。

　2014年に再び訪れると、津波が乗り越えた防潮堤は2mのかさ上げ工事が行われていた。2018年には高くなった防潮堤が迎えてくれた。更地になったところに新たな住宅はあまり建てられておらず、菜園として利用されていた。

2011

斜面に並ぶ住宅に津波が到達した高さがよく分かる

2018

浸水した低い部分は菜園として利用されている

児童たちは畦道を通って、正面の高台の住宅まで避難した

久慈市久慈湊小学校

　東北縦断の旅のなかで、小学校の被害と避難にまつわるいくつかの話に出合った。その一つが久慈湊小学校である。

　2011年3月11日、津波警報が出るなか、久慈湊小学校の児童たちはこの畦道を通って高台にある避難場所まで避難した。この避難通路と避難場所は、震災の前年に5年生の総合学習の授業のなかで児童たちが提案したもので、正面に見える小高くなっている個人邸の庭先まで避難することを決めていた。

　震災から3年後の2014年に訪れてみると、まさに田んぼの畦道という風情だった避難道路は拡幅整備の真っ最中だった。その後に訪れた機会には、真っ直ぐに伸びる立派な舗装道路に目を見張った。避難道路として復興整備事業のなかで整備されたようだ。防災学習、被災と避難の経験、次への備えが一つながりになっている。地味ながら重要な教訓を含む貴重な実践例だと思う。

避難道路として立派な舗装道路に拡幅された

2011

村役場周辺の多くの建物が流された

野田村役場周辺

　野田村を襲った津波は工事中だった海岸防潮堤を越えて、村役場のあるまちの中心部まで侵入、村内の約3分の1にあたる515棟の住宅が被害を受けた。震災から4カ月後の2011年7月に訪れたときは、大方のがれきは既に撤去されていて、弘前市からのボランティアが作業していた。

　翌年には村役場前に仮設商店街がオープンし、さっそく復興に向けて動き出していた。2013年には海側に住んでいた住民のための災害公営住宅の工事が高台で進み、村役場の周りでは土地区画整理事業が始まろうとしていた。

　区画整理された中心部には、津波避難ビルとなる保健センターも整備され、2015年、2016年には戸建住宅の再建も進んでいた。

　野田村は海側の一帯を災害危険区域に指定するとともに、3重の堤防でまちを守ることにした。第1の堤防は海岸防潮堤、

2018

復興土地区画整理により誕生した新しいまち並み

2011

津波は防潮堤を超えてまちの中心部まで侵入

第2の堤防は海沿いを走る三陸鉄道と国道45号、第3の堤防は盛土した都市公園である。

　第1の堤防である防潮堤と、村を流れる宇部川の河口の巨大な水門は、海抜14mの高さで整備された。水門のてっぺんまでは約24mで、工事中の水門を下から見上げると、まるでビルを建設しているかのように見えた。

　2016年7月に訪れたときには、整備中の都市公園から絶賛工事中の海岸防潮堤を望むことができた。2018年7月のよく晴れた空の下、前年に開園した十府ヶ浦公園から海側を見ると、奥に白く光る海岸防潮堤と、手前には観光バスの走る国道45号が、野田村を守るように広がっていた。

2021

2020年に完成した巨大な水門と防潮堤が第1の堤防として守りを固める

2018

白く光る海岸防潮堤、自動車が行き交う国道45号、公園の盛土が3重の堤防となって野田村を守る

普代川を遡上する津波から上流の集落を守った

普代村普代水門・太田名部防潮堤

普代水門は、当時の村長の強い想いの下、着工から12年の年月と総工費35億円をかけて昭和59年に完成した水門である。昭和8年の昭和三陸津波を経験した村長は、村民から反対の声が上がるなか、明治39年の明治三陸津波で記録された15.2mの高さにこだわり、高さ15.5mの水門を完成させた。

東日本大震災では、過去の津波をはるかに越え、上の通路をも超える23.6mの津波に襲われたが、水門により津波の勢いは削がれ、普代村の中心部は大きな被害を免れることができた。

2011年に訪れたときにも、周囲の山肌には津波の痕跡が残っていたが、水門は管理用通路に被害があった程度だった。2013年には復旧工事も完了し、震災から10年経った今も震災前と変わらず上流の集落を守るためにそこに建っている。

太田名部防潮堤も、普代水門と同様に15.5mの高さでつく

震災後も変わらず上流の集落を守り続ける

2011

11mを超える津波から集落を守った防潮堤

られた。今回の震災で津波被害を防いだ唯一の防潮堤と言われ（津波は11.6mまで到達）、2011年に初めて訪れたときも、それ以降も、防潮堤の内側には震災前と変わらない集落の風景が広がっていた。津波被災地を巡っていると、この変わらなさの価値、かけがえのなさをしみじみと感じる。2021年には防潮堤の老朽化対策と耐震化の工事が施されていた。この防潮堤がこの先も集落を守っていくことだろう。

一方で、周辺の被災地には多額の国費が投入され、元の面影もないような、でもピカピカのまちがつくられていく。津波による被害はないほうが良い。しかし、太田名部の防潮堤の上に立つと、ここだけ時が止まったような、少し取り残されたような心持ちにもなったことも確かである。

2018

防潮堤により守られた震災前から変わらぬ風景

津波は3階の高さまで押し寄せたが、建物は耐えて残った

田野畑村羅賀荘

太平洋を望むホテル羅賀荘は、三陸観光の拠点であるとともに田野畑村の雇用を支えてきた。

2011年7月、白い霧の中に浮かぶ羅賀荘は3階の窓までベニア板で覆われていた。このホテルを大きな津波が襲ったことを示していたが、建物はしっかりとそこに建ち、当時、上階に逃れた人たちを守った。2012年には改修工事が行われ、2013年10月に訪れたときには見事に営業を再開していた。

羅賀荘が面する羅賀漁港と背後の集落も被害を受け、観光資源ともなっていたサッパ船（小型の磯船）もそのほとんどが流された。ところが翌年、まだ防潮堤には津波の爪痕も残るなか、漁港にはすでに船が何艘も係留されていた。集落は漁業集落防災機能強化事業により高台に移転したが、なかには盛土したところに津波を逃れた住宅を曳家している光景も見られた。

震災から1年8カ月でホテルの営業を再開

2012

グラウンドいっぱいに建てられた仮設住宅

宮古市グリーンピア三陸みやこ

　2012年8月、高台にある保養施設「グリーンピア三陸みや
こ」のゲートを潜ると、グラウンドを利用してつくられたプ
レハブの仮設住宅が一面に並ぶ光景が広がった。施設全体で
約400戸の仮設住宅がつくられた。隣接する駐車場には2階建
てのプレハブ仮設商店街「たろちゃんハウス」がつくられ、田
老の中心部で被災した食料品店や電気屋、理容室、学習塾な
どさまざまな店舗が入った。グリーンピアが一つのまちとな

って復興を支えていた。

　仮設住宅は、2014年ごろからポツポツと空室の張り紙が見
られるようになり、2018年にはわずか数戸を残し空家となっ
ていた。かつては軒先をプランターの花々が飾っていたが、住
民が減った2017年には通路に雑草が生い茂り、役目を終えつ
つあることを感じさせた。2019年に訪れたときは仮設住宅の
撤去が進み、今は元のグラウンドの姿を取り戻している。

2013

仮設商店街には田老で被災した商店が入り、復興を支えていた

2021

10年が経過してようやく役目を終え仮設住宅は撤去、元のグラウンドに

2011

2重の防潮堤も津波を止められず、壊され、住宅はがれきとなった

宮古市田老

2011年7月、震災から4カ月後に初めて訪れた田老は白く濃い霧に覆われていて、高台から眺めても被害の全貌がわからなかった。車で中心地を巡ると、ほとんどの建物が壊れて流され、かろうじて残った防潮堤にも津波の爪痕がはっきりと残されていた。

田老の復興は、防災集団移転促進事業（防集）による高台移転と低地の土地区画整理事業という2つの整備を一体的に行うことで進められている。

万里の長城といわれた防潮堤の決壊により自宅を流された住民の新しい住まいは、防集により、田老のまちを見下ろす高台につくられることになった。2012年には木々に覆われていた山が、翌年に始まった造成工事で切り崩されていく。2014年には整地された全体の姿が見え始め、5年目となる2015年夏に宅地造成が完了。災害公営住宅の建設も始まって

2021

新しい防潮堤は城壁のように海とまちを隔てる

2012

残された防潮堤からは、更地になったまちが見渡せた

いた。11月にまちびらきが行われ、2016年に訪れたときには真新しい戸建住宅が建ち始めていた。

　一方の低地では、残った防潮堤をかさ上げしつつ、湾に沿って新しく整備されたT.P.+14.7mの防潮堤は壁となり、かつての万里の長城の天端に立っても、そこから海を見ることはできない。

　2021年10月に訪れたおり、たろう観光ホテルに津波が襲来したときの映像を、撮影したその場所で観ることができた。映像では、ホテルの6階の窓から撮影された映像には、すぐそこまで迫ってくる水が映っていた。2021年に同じ窓から外を見てもその水位をにわかには信じがたかった。万里の長城を打ちのめした津波の大きさを改めて感じる経験となった。

2021

残った防潮堤はかさ上げされ、山のなかには新しい住宅団地ができ上がった

高台を切り開いた住宅団地は被災した住民たちの新しい住まいとなり、あっという間に埋まった

たろう観光ホテルは津波で4階まで浸水、2階は鉄骨を残して流出したが、倒壊することなく留まった。宮古市は「ありのままの姿を残すこと」で津波の恐ろしさを伝える震災遺構として保存している

2013

2021

田老漁港に建つ製氷貯蔵施設は、多くの建物を破壊した津波に耐え、翌2012年に復旧した。外壁には歴代津波高が記され、3.11の津波は17.3mと過去の津波を超える高さだったことがわかる

2011

ホテルの駐車場に整然と並ぶ全国からの警察車両

宮古市浄土ヶ浜

　縦断の旅では、最初の数年間は、被災地に宿泊先を見つけることも苦労した。被害を逃れた旅館やホテルは、捜索に当たる警察関係者や、復興が本格化すると工事関係者が借り上げているような状況だったからだ。

　2011年7月に最初の宿泊先として確保したホテルは、極楽浄土と謳われた景勝地である浄土ヶ浜を望む観光の拠点となるホテルであるが、駐車場にはさまざまな都道府県の名が記された警察車両がずらっと停められていた。食事も大広間の真ん中にカレーの鍋が置かれセルフサービス、壁には救援・復旧への尽力に対する感謝の横断幕が掲げられていた。さながら前線基地の様相だった。

　翌日、まちを回ると信号の消えた交差点に援軍の警察が張りついて交通整理を行っていた。

2011

被災を免れたホテルは、復旧・復興にあたる人たちの活動拠点となった

2013

津波で大きな被害を受けた低地の住宅地と、ほんの少し標高が高く被害を逃れた斜面の住宅地

宮古市鍬ヶ崎

鍬ヶ崎は宮古港に面し、宮古湾に丸く突き出した浄土ヶ浜の付け根にある。3.11では、浄土ヶ浜の反対側の付け根に当たる蛸の浜は津波を受け止めきれず、峠を乗り越えて鍬ヶ崎に流れ込んだという。当時、防潮堤のなかった鍬ヶ崎は正面の漁港と背後からくる津波の両方に襲われたということだ。

2013年に訪れたときは、土地区画整理事業の実施を控えて更地が広がっていた。2014年には工事が始まっており、2016年には新しい道路と宅地の区画が姿を現し始め、2017年には岩手県初となるラウンドアバウトがお目見えした。2019年に区画整理は完了したが、2021年10月でも空き地が目立っていた。

防潮堤のなかった鍬ヶ崎にも、2016年ごろから宮古港を囲むT.P.+10.4mの防潮堤がつくられた。新しい住宅地から海を見ることはもう叶わない。

2021

復興土地区画整理と新しい防潮堤で守られても、まだまだ空地が多い

復興の景色

2011

久慈湊小学校の校庭には、歴代の津波高が掲示されている（久慈市）

2011

がれきの仮置場となった宮古運動公園（宮古市）

2012

宮古駅周辺は被害が比較的少なく、営業を再開する商店も（宮古市）

2012

被災した商店が仮設店舗で営業を再開（野田村）

2017

ラウンドアバウトは信号機を必要としないため、停電時でも円滑に避難できる（宮古市鍬ヶ崎）

2018

道の駅たろうは観光案内とともに震災・防災学習の拠点に（宮古市田老）

2019

三陸防災復興プロジェクトの一環で飾られた宮古駅（宮古市）

2021

津波で浸水した市役所庁舎を宮古駅前に移転（宮古市）

三陸リアス海岸エリア（岩手県）

宮古市

山田町 — 山田町 **大沢**

山田町 **陸中山田駅周辺**

大槌町

大槌町 **町方**

釜石市 **鵜住居**

釜石市

釜石市 **港湾地区**

釜石市 **平田運動公園**

大船渡市 — 大船渡市 **越喜来**

大船渡市 **中心市街地**

陸前高田市 **中心市街地**

陸前高田市

気仙沼市

0 　　　　　　　　30km

震災の爪痕

釜石市

大船渡市

釜石市

33

大船渡市

大船渡市

釜石市

陸前高田市

津波に耐え、営業を再開したコンクリートブロック造の商店

山田町大沢

　2011年7月、山田町大沢に入ると、なにもないなかにぽつんと1軒建つコンクリートブロック造の建物が目に入った。建物の前に「営業中」の赤い旗が立っていた。そこは老夫婦が営む食料品店で、聞くと私たちが訪れた日の前日に営業を再開したばかりということだった。とてもタイムリーな出会いで、その後、毎年訪問し話を聞いてきた。

　とてもめずらしいコンクリートブロック造の建物は、昭和

24年に店主の父親が建てたものだという。津波は建物の2階の天井付近に迫る勢いだったそうだが、この建物は流されずに残った。しかし、津波に耐えた建物も、地区の復興事業には逆らえない。2015年に訪問した際に、一帯をかさ上げするためにもうすぐ取り壊されると聞いた。今、この建物はもうない。店舗は国道沿いに移転し、営業を続けている。

　大沢は山田湾に面したカキ・ホタテの養殖業や水産加工業

かさ上げされた土地に、少しずつ住宅の再建が進む

2011

8mを超える津波で、海辺の住宅も養殖イカダも流された

を主とした漁業集落だった。震災前にT.P.+6.6mの防潮堤を整備中（既存は4m）だったが、その防潮堤をも乗り越える津波が来た。

海に面した高台にある山田町ふるさとセンターは被害を逃れた。以後、毎年ここから被災した低地を見渡した。復興の動きは山田町の中心部に比べると遅かったように感じる。大沢では漁業集落環境整備事業が導入され、その調整に時間が

かかったためだそうだ。ふるさとセンターから見下ろす低地のうち、手前側の街区はかさ上げされて新しい住宅が建ち始め、海沿いの街区は防潮堤敷きに充てられてT.P.+9.7mの防潮堤が整備された。その向こうの海には復活したたくさんの養殖イカダが浮かんでいるのが見えた。

2021

海との間に防潮堤が建設された

津波と火災の爪痕が色濃く残る陸中山田駅周辺

山田町陸中山田駅周辺

　山田町では津波が家屋を押し流した後、津波が原因の火災にも襲われた。陸中山田駅の周辺もまちを埋め尽くしたがれきが延焼範囲を拡大させたようだ。2011年に訪れたときには、黒焦げになった蔵やRC造の建物だけが残っていた。

　町は、駅前に商業・業務・公共施設をコンパクトに集約した拠点を整備することを決めた。2013年にはかさ上げ工事が行われていた。2017年に訪れると、スーパーマーケットや飲食店が入る複合施設や戸建店舗、銀行などのサービス施設、図書館を併設する交流センターなどが営業を始めており、平日昼間の駐車場にたくさんの車が停まっていた。

　この拠点に隣接して6階建ての災害公営住宅も整備された。住棟が広場を囲む気持ちのよい住宅地だ。駅前にこれだけの規模の集合住宅がつくられるケースは他の地域ではあまり見られなかったように思う。

復興まちづくりでは、駅前に拠点施設を集約したコンパクトなまちを目指した

2017

山田型復興住宅のモデルハウス

2017

駅前に整備された災害公営住宅

　山田町では、住宅再建を応援するための「山田型復興住宅」も提供している。2017年に訪れた際「モデルハウス公開中」という幟を見つけ、山田型復興住宅について話を聞いた。地元産木材を使い、地元の施工業者が低廉で良質な住宅を供給するという、町と地元業者が一体となって進める住宅供給システムだそうだ。

　鉄道の復旧も拠点整備を後押ししただろう。被災した鉄道は、一時はBRT（バス高速輸送システム）での復旧も議論されたが、沿線の市町の強い意向もあり、線路をJRが復旧し、その後JR山田線の宮古・釜石間が三陸鉄道に移管されることが決まった。2017年には線路の復旧工事が進められており、2018年には翌年3月の開通を告げる横断幕が掲げられていた。久慈市から大船渡市までが1本の鉄道でつながったのだ。

2018

三陸鉄道に生まれ変わって、半年後の運転再開を待つ陸中山田駅

避難所となっていた寺の本堂も津波と火災に巻き込まれた

がれきが残るなかで運転を再開した路線バス

大槌町町方

　大槌町（おおつちちょう）の中心部に初めて入ったのは2011年7月。がれきはあらかた片付けられていて、解体を待つ鉄骨造や鉄筋コンクリート造の被災建物がまばらに残っていた。いたるところに火災の跡が刻まれていて、被災の凄まじさを強く印象付けられた。

　被災市街地に面する小高い城山の斜面地が墓地になっている。以後、毎年、墓地の上の方から被災市街地を見渡した。年を経るごとに少しずつ被災建物がなくなっていく。重機もたくさん入っている。しかし、目に見える変化は比較的穏やかだったように思う。2014年に訪れたときは、かさ上げ造成が目立ってくるようになったが、かつての道路網はまだよく見えていたし、墓地のふもとでは依然として雑草が生い茂っていた。

　翌年、辺りの景色は劇的に変わっていた。市街地全体が盛土で覆われ、かつてがどうであったかを思い出すことはできなくなっていた。急速に未来が立ち現れつつあった。盛土の一部に窪地のように残されているところがあった。まだかさ上げが承諾されていない墓地があるようだった。

　さらにその翌年、2016年には、区画道路が通り、宅地の整地も進み、電柱も建ち並んでいた。夏の日差しを浴びる新しい宅地は眩しいほどだった。

　宅地造成を終えたまちの中心には、湧水池と一緒にかさ上げ前の地盤面を残した御社地公園、文化交流センターが整備され、周りには少しずつ店舗や住宅が戻ってきた。駅舎が流出したJR山田線の大槌駅は、ひょっこりひょうたん島をモチーフにしたデザインとなり、三陸鉄道リアス線として復旧した。まだまだ空き地は残るものの、ヒューマンスケールの新しいまちの姿を見ることができた。

　海岸では大槌湾を縁どる防潮堤が立ち上がっている。2本の川が海に注ぐのに呼応して、近接した2つの水門を備えた特徴的な防潮堤だ。

中央の窪んだ部分にかさ上げ前の地盤高を残す

ひょっこりひょうたん島を模した大槌駅

山から見下ろした町方のまちは、かさ上げにより刻々と姿を変えた

2021

かさ上げしてできたヒューマンスケールのまちと、2つの水門を有する防潮堤が姿を表した

3階まで津波に襲われた鵜住居小学校と釜石東中学校

釜石市鵜住居

　鵜住居は「釜石の奇跡」の舞台として有名になった。「津波てんでんこ」の教えのもと高台の石材店まで走って逃げた児童・生徒たちの話を知っている人も多いだろう。一方で、津波の被害は甚大で、鵜住居は釜石市のなかでも最も大きな被害と犠牲を出した地区となった。

　2011年7月の鵜住居小学校と隣接する釜石東中学校は、津波に襲われたときのまま、がれき置場となっていた。小学校

の3階の窓には自動車が突き刺さっていた。

　2015年、この小中学校の跡地に復興の象徴としてラグビーのスタジアムを整備し、ラグビーワールドカップ2019の会場とすることが決まった。2018年に訪れたときは、スタジアムのこけら落としを数日後に控え、フィールドの青々とした芝生が眩しかった。

　小中学校は高台に移転し、新たな時を刻み始めた。

跡地に整備されたラグビースタジアム

新しい小中学校は高台に移転

舳先が護岸を超えて打ち上げられた大型貨物船

釜石市港湾地区

　2011年に釜石の港で私たちを迎えたのは、津波により埠頭に打ち上げられた大型貨物船だった。

　釜石港には世界最大水深の湾口防波堤が設置されている。3.11の津波は想定を大きく超えて釜石市街にも被害をもたらしたが、それでも湾口防波堤がなかった場合に比べると4〜5割の低減効果があったと後に検証されている。

　高台から眺める釜石市街は、津波が全てをさらっていった

まちと異なり、歯抜けのように空き地があるため、遠目には被害が少なく見えた。

　釜石では製鉄のまちらしい復興も見ることができた。ラグビーで有名な新日鉄釜石（当時）は、空いていた土地を仮設住宅用地として提供するとともに、復興公営住宅を鉄骨造で建設することを提案した。これは工期の短縮や鉄筋コンクリート造の持つ生コン工場の制約の改善につながったという。

歯抜けとなった空き地には、市の花はまゆりのオレンジ色の壁を持つ災害公営住宅が建てられた

デッキと屋根がつくり出す路地的空間が、仮設住宅に住民同士のつながりを生み出す

釜石市平田運動公園

　2013年10月、平田運動公園に建てられたコミュニティ型仮設住宅を訪問した。ここでは一部の住棟を向かい合わせにして屋根をかけてデッキでつなげることで、コミュニティが形成しやすいような空間づくりが行われていた。家々の前には鉢植えや手押し車が置かれ、下町の路地のような雰囲気をつくり出していた。

　団地の一角には、建築家グループが募った寄付によって建てられた「平田みんなの家」がある。住民が気軽に集まれる場所として団らんの場となっており、私たちもお茶を御馳走になった。

　2017年頃から徐々に空き室が目立ち始め、通路も閑散としていた。そして2021年10月に訪れると、建物は解体され、元の運動公園に戻ろうとしていた。のんびりと草を喰む鹿の親子が次のまちに向かう私たちを見送ってくれた。

住民が集まり語らう「平田みんなの家」

仮設住宅の方々に温かいおもてなしを受けた

校舎から最短距離で高台に行ける避難階段により、児童たちは安全に避難ができた

大船渡市越喜来

　越喜来では、小学校の話を紹介したい。越喜来小学校では、海側の校庭を経由して避難しなくて済むよう、山側の道に校舎の2階から直接行ける避難階段が設置されていた。震災当日もこの階段を使って児童たちは迅速に高台の三陸駅に避難することができた。実は、この避難階段は、ある市議の働きかけにより震災のわずか4カ月前に完成したものだった。

　越喜来は17mを超える津波に襲われた。2011年に最初に訪れたとき、がれきのなかにぽつんとポプラの木が立っていた。正直このときは被害の状況に目が行き気にも留めていなかったが、津波に浸かっても生き抜き、気付くと年々大きくなり、まちの人からはいつしか「ど根性ポプラ」と呼ばれるようになった。災害危険区域に指定された周辺部分は公園として整備され、ポプラはまちの復興の象徴となっていた。

津波を乗り越え、復興のシンボルとなった「ど根性ポプラ」

大船渡市中心市街地

　2011年7月の大船渡の市街地は、道路は通行できるように
なっていたものの、まだがれきが多く残る状況だった。道路
はところどころ冠水し、JR大船渡線も流出した。市街地を一
望してみると、鉄筋コンクリート造の建物が残っているほか
は、ほぼ建物としての姿をとどめていなかった。向こうの山
の斜面の辺りでは、建物がそのまま残っている。あの斜面の
どこかに被害の有無を分けるコンターラインが入っている。

　被災市街地に面する高台に神社がある。毎年、神社から被
災市街地を見渡した。2013年10月、まだ目立った変化は感じ
られないが、かつての線路跡をBRTが走っていた。JR大船渡
線は、早期復旧の観点から暫定的にBRTで運行を再開し、
2015年に鉄道ではなくBRTによる本格復旧を決めている。

　2014年から2015年にかけて、たくさんの重機が入り、パズ
ルを解くかのように少しずつ市街地のかさ上げが進められた。

津波でいったん更地になったが、BRT大船渡駅とキャッセン大船渡を中心に徐々に建物が増えている

大船渡漁港の建物から見渡すと、まだがれきに覆われた市街地と救援物資用のテントが見えた（パノラマ合成）

2016年にはBRT大船渡駅が正規の位置で開業、2017年には
まちの新しい拠点となる商業施設「キャッセン大船渡」がオ
ープンした。たくさんの地元の人でにぎわうレストランで食
事をしながら、私たちも新しくなった大船渡を感じることが
できた。

　キャッセン大船渡は、大きな街区の中に大小の建物をうま
く配置し、路地や小さな広場などが連なる歩きたくなる空間
を創出している。川に面した親水空間なども心地よい。商業
系の復興拠点の優れた例として挙げられる。駅前エリアの復
興では、行政と民間が連携するエリアマネジメントの手法が
導入され、空間づくりからエリアの運営までが行われている。
駅前にはホテルも立地し、住民だけでなく観光の拠点として
も力を発揮するだろう。

キャッセン大船渡の中央を流れる須崎川親水広場

がれきが片付けられたまちなかには、中央にお祭り広場を設けた「大船渡屋台村」が出現

津波で流出したJR大船渡線の線路敷跡をBRT専用道として暫定利用

キャッセン大船渡にはナイトエコノミーに資する飲食店もオープンし、にぎわいが生まれている

2015年にBRTでの本復旧を決定した

BRT大船渡駅を中心に、ホテルや交流センター、キャッセン大船渡が立地する

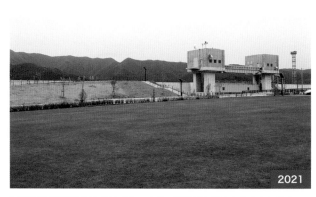

海側は災害危険区域に指定されており、防潮堤に囲まれたまちと海をつなげる役割を果たす夢海公園

2011

がれきで覆われた市街地の向こうに残る「奇跡の一本松」

陸前高田市中心市街地

　2011年7月、三陸の市町村を南下してきた私たちの目には、陸前高田の市街地は津波にさらわれた茶色の跡が果てしなくどこまでも続くように見えた。がれきが取り除かれてあらわになった道路と、遠くに流されずに残ったショッピングセンターや病院の建物が、ここにたくさんの人が生活していたことを想像させた。

　震災から3年が経過した2014年、陸前高田の復興の切り札として現れたのが、広大な市街地全体のかさ上げを実現する土砂を運ぶベルトコンベア。総延長3kmに及んだ。

　2015年7月に一足先に完成した高台の災害公営住宅の屋上から市街地を見下ろした光景は、圧倒されるほど広大だった。写真の画角に収まりきらないほどの範囲でかさ上げが進められており、その高さも最大約12mと壮大で、横を走るダンプカーが小さく見えた。

2012

流されずに耐えた建物にも、3階まで津波の爪痕が残る

2015

圧倒的なスケールで進む陸前高田市街地のかさ上げ

2014

頭上をヤマタノオロチの如く配されたベルトコンベア

　2017年に訪れると、かさ上げの完了したエリアには真新しい道路で区画された宅地がつくられ、建物ができるのを待っていた。さっそく中心部ではスーパーマーケットや衣料品店などが入る商業施設「アバッセたかた」がオープンし、翌年には三角屋根の平屋建て店舗が並ぶ一画もできた。その後もまちなかに人を呼び込むための施設整備が進められ、2021年には市民文化会館や市立博物館など立派な建物ができあがっていた。

　一方で、中心部以外は依然空き地が目立つ。まだ利用予定の決まっていない区画も多く、にぎわいの再建は道半ばとも感じさせた。かさ上げに時間がかかったため、高台の造成地に新居を移したり、市外に転居していった人も多いという。高台では300戸が入る災害公営住宅や真新しい住宅団地での新しい生活が始まっていた。

2015

かさ上げの計画高も見上げる高さ

かさ上げ工事も終盤に差し掛かったものの、中央に見える「アバッセたかた」の周りには空地も多い

かさ上げが終わった中心市街地に他に先駆けて2017年にオープンした商業施設「アバッセたかた」

BRT陸前高田駅がかさ上げされた中心部に移転し、鉄道時代を模した駅舎が整備された

5階建て公営住宅は、最上階まで浸水したものの倒壊を免れ、震災遺構として保存される

高田松原の近くで3階天井まで浸水した陸前高田唯一のホテルは、いち早く高台に移転して営業を再開

高台に整備された災害公営住宅は、約300戸が入居する岩手県内最大規模の団地

高台移転によりできた新しい住宅団地だが、空き区画も目立つ

津波で展示品のほとんどが海水に浸かる被害を受けた市立博物館を再建、2022年のオープンを待つ

防潮堤（第2線堤）の海側には、高田松原の復元を目指してマツの苗木が植えられている

2021

奇跡の一本松

　陸前高田の被害と復興を象徴するものと言えば、海辺にポツンと残った「奇跡の一本松」だろう。海沿いには他にも旧道の駅「タピック45」や最上階まで浸水しながら倒壊をまぬがれた「下宿定住促進住宅」などが震災遺構として保存されている。

　これらを含む約130haが高田松原津波復興祈念公園として整備された。津波伝承館や新しい道の駅から海に向かって真っ直ぐに伸びるのが「祈りの軸」であり、途中に献花台が設けられている。2021年10月、小雨が降るなか、祈りの軸を歩いた。海沿いにT.P.+12.5mの防潮堤が整備され、防潮堤の上には「海を望む場」、そしてその向こうには津波で流された高田松原を再生すべく、4万本の松の苗木が植えられていた。

　海に向かって追悼の想いを胸に岩手県の旅は終わり、宮城県に向かった。

2021

海まで続く「祈りの軸」

復興の景色

捜索活動を行ったアメリカの救助隊が、郵便局の壁面に残したマーキング（大船渡市）

仮設商店街の壁面をカラフルなマグネットが彩る（釜石市）

岩手県産材を使い、各住戸には濡縁を設置した低層和風の災害公営住宅（大槌町大ケ口）

2013年4月に一部運転を再開した南リアス線の再開を喜ぶ三陸駅の横断幕（大船渡市越喜来）

新日鐵住金（当時）の所有地を活用した民設市買取型の災害公営住宅は、鉄骨造を採用し短期での建設が可能に（釜石市）

オートキャンプ場のテントサイトに木造の戸建てタイプの仮設住宅を整備、役目を終え2020年に撤去された（陸前高田市）

三陸鉄道リアス線と大船渡線BRTの結節点となる盛駅（大船渡市）

三陸鉄道の高架を乗り越えてきた津波にも耐えたコンクリートブロック造の住宅（大船渡市赤崎）

三陸リアス海岸エリア（宮城県）

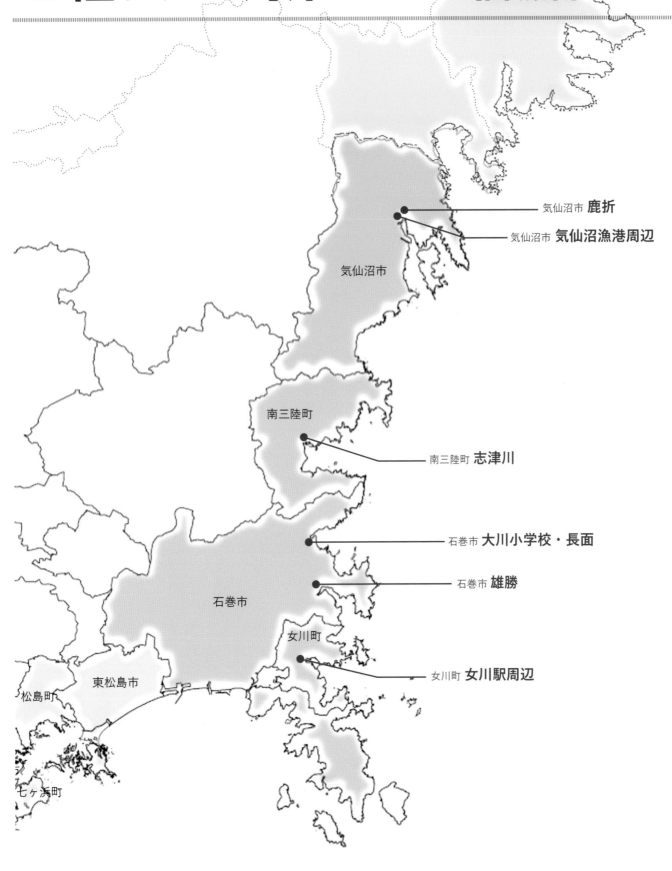

気仙沼市 **鹿折**

気仙沼市 **気仙沼漁港周辺**

気仙沼市

南三陸町

南三陸町 **志津川**

石巻市 **大川小学校・長面**

石巻市 **雄勝**

石巻市

女川町

女川町 **女川駅周辺**

東松島市

松島町

七ヶ浜町

0　　　　　　30km

震災の爪痕

気仙沼市

気仙沼市

南三陸町

気仙沼市

気仙沼市

気仙沼市

気仙沼市鹿折

気仙沼市

2012

2013

岸壁を鉄板でかさ上げし、いち早く水揚げを再開

気仙沼市気仙沼漁港周辺

気仙沼は漁業のまちである。復興の姿にもそれは現れていて、何よりも最初に魚市場の復興が行われた。地盤沈下した岸壁を鉄板でかさ上げし、震災から3カ月後の6月に水揚げを再開したのだ。2011年7月に訪れた際も、魚市場のなかにいると震災があったことをつい忘れそうになるが、周辺の市街地では地盤沈下によりいたる所が慢性的に冠水している状態だった。とにかく魚市場だけは動かそうという気概が伝わっ

てきた。

2013年は気仙沼市魚市場のすぐそばのホテルに宿泊した。津波被害を受けながらも、翌2012年に営業を再開したそうだ。魚市場周辺は多くの建物が解体され、夜になると辺りは真っ暗だった。そのなかをホテルに向かう道路もまだ地盤沈下の影響が残っており、車のヘッドライトを頼りに道なき道を走るような心持ちだった。

2021

気仙沼湾を一望

地盤沈下した市街地をかさ上げ

2014年に訪れたときには、魚市場の後背地のあちこちでかさ上げ工事が始まっていた。2015年、2016年と工事が続き、水産加工施設などは建ち始めたものの、まちなかのにぎわいはまだこれからという感じだった。

魚市場のそばにある内湾地区は、旅客船の船着き場などもある気仙沼の中心市街地だったが、津波で大きな被害を受けた。この辺りもかさ上げが行われ、2019年には、新しい遊覧船乗り場と商業施設・交流拠点施設ができていた。

内湾地区では海が見えなくなる防潮堤の建設を嫌い、フラップゲートという普段は倒れていて津波が来ると浮力で起き上がる仕組みと地盤のかさ上げで見た目の高さを抑える方法や、商業施設からのデッキで防潮堤を覆うことなど、他にはない工夫が見られた。「海と生きる」ことを受け継いでいこうとする姿がそこにはあった。

湾奥のフェリーターミナル

商業施設は防潮堤と一体となって景観に配慮

気仙沼市魚市場から湾口の方に向かうと商港がある。2013年7月に訪れると、はるか見上げる高さに防潮堤の計画高を示す「T.P.+7.2m高さはここまで」と書かれた標識が設置されていた。

このときには岸壁がこの高さの防潮堤に一面覆われるという景色は想像ができなかった。翌年には工事が始まっており、それから毎年少しずつ壁のような防潮堤は延び、海が見えるのは防潮堤に設けられた小窓からに限られた。

2021年3月、この防潮堤を超えて架けられた「気仙沼湾横断橋」が完成した。この横断橋は三陸沿岸道路の一部で、青森県八戸から宮城県仙台市までを結ぶ高速道路である。気仙沼湾横断橋開通により三陸沿岸道路の宮城県内が全線開通し、2021年末には八戸までの全線が開通した。

はるか見上げる高さの「防潮堤の計画高T.P.+7.2m」

身長180cm×3人分を超える防潮堤

2012

気仙沼港から約700m内陸まで流された漁船

気仙沼市鹿折

気仙沼市鹿折は、気仙沼湾の最奥部に位置し、この震災において火災が大きな被害をもたらした地区の一つである。津波により船舶燃料用のタンクが流されて重油やガソリンが海面に流出し、何らかの理由で発生した火災ががれきを介して重油やガソリンに燃え移り、水面を移動しながら延焼範囲を広げていったと考えられている。

2011年7月の鹿折地区には燃え跡が色濃く残り、700m内陸まで流された船舶もそのままにあった。その後、海側は水産加工施設、内陸側はかさ上げして住宅や商業施設を再建することになり、2016年にはかさ上げした宅地に5階建ての津波避難ビルも兼ねた災害公営住宅が完成間近だった。気仙沼らしくはないが、未来への希望を感じさせる明るい住宅地だ。一方で周辺の戸建住宅の区画はなかなか埋まっていかなかったようだった。

2019

かさ上げして災害公営住宅を整備

骨組みだけを残す防災対策庁舎

南三陸町志津川

　2011年7月、志津川を訪れた私たちは防災対策庁舎を探した。同じように鉄骨がむき出しになった建物がいくつもあるなかで、防災対策庁舎には献花台が設けられ人々が手を合わせていた。庁舎は津波被害の象徴となり、いつも多くの人が訪れていた。保存か解体かでまちは揺れ動いたが、周辺一帯を復興祈念公園として整備し、そのなかに震災遺構として当面残されることになった。

　南三陸町は高台移転を柱とした復興計画を策定し、浸水した低地部分はかさ上げしつつ、商業施設や水産加工施設、そして公園として整備されることとなった。かさ上げ工事中は、積み上げられた土砂が防災対策庁舎を覆い隠すほどで、献花台も工事が進むごとに場所を変え、道路も毎年のように線形が変わった。完成した復興祈念公園には海抜20mの築山「祈りの丘」が整備され、頂上からは市街地全体が見渡せる。も

防災対策庁舎を取り込んで整備された復興祈念公園

高台から見渡した志津川は刻々と姿を変え、大規模なかさ上げと河川堤防ができ上がった

住まいを高台に移すことに決め、丘陵地の造成工事が始まった

との地盤高に建つ防災対策庁舎もまた間近まで行けるようになった。

　津波被害に遭った人たちの住まいの移転先の一つとなったのが、高台にあるベイサイドアリーナ（総合体育館）周辺である。ベイサイドアリーナには、震災直後から南三陸町の災害対策本部や避難所、ボランティアセンターが設置された。

　2014年、ベイサイドアリーナの駐車場を挟んで隣接する丘陵地で樹木の伐採が始まった。2015年には丘が1つ削られてなくなった。2016年は災害公営住宅が建設中であり、2017年には完成し人々の生活が始まっていた。道路を挟んだ向かい側の丘陵地も造成されて町役場や病院が移転した。生活の拠点は高台に移っている。

　南三陸でもう一つ有名になったものは「南三陸さんさん商店街」だろう。2012年に訪れたときは、志津川湾から2kmほ

丘が一つなくなり災害公営住宅が誕生した

まちの外れの仮設商店街から、かさ上げした中心部に移設して観光客を集める南三陸さんさん商店街

ど内陸で仮設商店街として営業していた。メディアで取り上げられることも多く、観光客を集めていた。

　2017年3月にはかさ上げした市街地の、防災対策庁舎と川を挟んだ場所に本設オープンし、変わらない盛況ぶりを見せていた。しかし、周りの区画はなかなか埋まらない。住民が高台に行ってしまった場所で商売をすることは、観光客でにぎわう志津川でも難しいのかもしれない。

　2018年7月、この旅で初めて夏の海を楽しむ人たちの姿を見ることができた。海水浴場「サンオーレそではま」は、津波で大量のがれきが流れ着き、砂も流されてしまったそうだが、2017年に再開した。青い空と砂浜に子どもたちの声が響く光景は、被災地でない海辺の姿を見せてくれた。

7年ぶりに再開した海水浴場

校庭に避難していた全校生徒の7割が犠牲となった

石巻市大川小学校

　震災における悲劇の象徴は、やはり大川小学校だろう。南三陸の防災対策庁舎と大川小学校は、震災直後から現在まで、毎年訪れるたびに献花をする人たちの姿を見ることができた。

　最初の年は慰霊のための祭壇が設置されているだけで、まだ校舎のなかまで立ち入ることができた。2階の歪んだ窓枠や倒壊した渡り廊下が津波の威力を物語っていた。学校周辺はほとんどの建物が流された。私たちが訪れたときにはがれきも片付けられ、小学校だけが残されていて、この周りに通っていた児童たちの家が、集落があったことを想像することは難しかった。

　2016年に震災遺構として保存されることが決まり、2021年には敷地内に新たに「大川震災伝承館」が公開され、訪れた人にここで起きた出来事を伝えている。

震災遺構として整備され、悲劇を後世に伝える

2012

地盤沈下により水没したままの集落

石巻市長面

長面は、大川小学校からさらに北上川を下った河口にある集落である。2012年8月に復興庁の担当者に案内されて見た光景は強烈だった。きらきらと輝く湖のなかを走る一本道のその先にあったのは、震災から1年以上が経ってもなお水に沈んだままの住宅だった。湖のように見えたのは、もとは広大な水田で、地震による地盤沈下とそこになだれ込んだ海水により水没したものだった。

2013年に訪れたときは、ようやく排水と行方不明者の捜索が進められていた。農業の再開に向けて動き出していた。2015年には本格的な田植えが再開されていて、今度は一面の緑の絨毯が広がる光景を見ることができた。

2021年、長面浦を渡る橋が架け替えられていた。辺りの風景にやや似つかわしくない壮大さのある橋だった。

2012

水田は地盤沈下により湖と化した

2015

青々とした稲が育つ農地として復活

73

2011

2階建ての公民館の屋上まで津波はバスを押し上げた

石巻市雄勝

　縦断の旅の行程のせいか、たまたまのめぐり合わせか、雄勝は曇り空や夕暮れどきが多く心寂しい印象がある。

　雄勝は10mを超える津波に襲われ、地区の8割の住宅が全壊した。屋上にバスが乗った公民館が津波の高さと威力を物語っていた。

　雄勝は平らな場所が少なく、まとまった仮設住宅用地を確保することができず、住民は石巻市内にバラバラに分かれて

避難生活をしていた。被災した総合支所跡地に10軒ほどの仮設商店街があるが、避難先から通ってきているそうだ。そのため、夕暮れの市街地に人の姿はほとんどなく、かつて「日本一美しい漁村」と呼ばれていた面影はなかった。

　浸水エリアは災害危険区域に指定され、住宅をつくることはできなくなった。がれきが片付けられ更地になってから目立った復興への動きが見られないまま数年が経過していたが、

2013

2021

川幅の倍はありそうな河川堤防が整備された

山肌を造成して拠点エリアを整備

2016年にようやく雄勝の中心部だったところに新しいまちの一端が見え始めた。

　海に面する高台の造成地に総合支所やスポーツ施設、観光物産交流館、硯伝統産業館が整備された。しかし、その背後に建てられた住宅は30戸にも満たない。一方で、湾の周りには9.7mの防潮堤が屹立し、川幅の倍はありそうな河川堤防が内陸へと延びていく。雄勝の美しさを決定的に形づくってい

ただろう川と海と山の妙なる調和が失われていく。新たな雄勝が立ち上がろうとするのを祝したい気持ちと、消えゆく古き良き雄勝を惜しむ気持ちが交互に去来する。

2018

拠点エリアを覆い隠すように延びる防潮堤

津波はビルの5階に達し、建物を横転させた

女川町女川駅周辺

　2011年7月、高台に建つ町立病院から見下ろした女川のまちには、ひしゃげて転がった石油タンクや、津波被害としても珍しいということで話題になった基礎から転倒したビル、そして目の前には5階天井付近まで到達した津波の跡の残るビルがあった。後ろを振り返ると、高台にあるはずの病院の1階の壁にも浸水の跡が残り、女川を襲った津波の高さは想像を絶するものだったことを実感した。

　女川は海岸線に防潮堤をつくるのではなく、市街地全体をかさ上げすることで津波からまちを守ることを選んだ。市街地周辺の山を切り崩して低地をかさ上げし、低地は商業施設や水産加工施設、公共施設を整備し、住宅は今回の津波と同程度の津波でも浸水しない高さまで盛土した高台につくることにした。

　2011年には見上げる高台にあった町立病院は、ふもとのか

見上げる高台にあった町立病院は周囲のかさ上げでちょっとした高台にある病院に

新しい女川駅を中心に進む新しい女川の復興まちづくり

さ上げにより2018年には半分程度の高さになっていた。

　津波に流された女川駅は、200m内陸に移転して2015年に再開した。町立病院から見たウミネコが翼を広げた姿をかたどった駅舎は、まだ建物もまばらなかさ上げしたての茶色い土地に白く輝いていた。年を追うごとに駅の周りに建物が増えて駅舎は隙間から見えるだけになったが、それは女川の復興が進んだ証と言えるだろう。

　駅から海に向かって一直線に伸びるプロムナード（レンガみち）は、女川の復興のシンボルだ。ここまでたくさんのまちが防潮堤で囲われ海が見えなくなった姿を見てきたが、女川はレンガみちから海が見える。気持ちが良かった。

　レンガみちの両側にはテナント型商店街「シーパルピア」ができた。歩きたくなる小径など、よくデザインされている。

女川駅から海まで続くプロムナードからは、海が見渡せる

JR石巻線の終点である女川駅は津波で流され、200m内陸に移転した場所に新しい女川の玄関口として再開した

海岸から200m、海抜16mの高台にある女川町立病院にまで津波は到達し、1階は2mの高さまで浸水した

再開間もない女川駅前の芝生広場で開催された演奏会にはたくさんの人が集う

レンガみち沿いには女川の味を堪能できる飲食店や観光物産施設があり、観光客の姿も見られる

女川駅の横で営業するカラフルなホテルは、復興が進むなかで移動が容易にできるようにトレーラーハウスを用いている

津波の引波により横倒しになった旧女川交番を震災遺構として保存

高台の野球場に整備されたコンテナ仮設住宅 `2012`

高台の女川町民野球場につくられた仮設住宅は、海上輸送用のコンテナを3層に積んだユニークなものだ。まちなかに平らな土地が少なく、十分な数の仮設住宅をつくることができないという悩みから生まれたものだという。世界的に著名な建築家の坂茂氏が提案したもので、メディアでもよく取り上げられた。

2015年には、隣接する陸上競技場があった場所に災害公営住宅が整備され、コンテナ仮設住宅は2019年3月までに全員が退去、2021年に訪れた際にはすっかり元の野球場に戻り、子どもたちの声が響いていた。野球場が元の姿を取り戻すまでに10年かかったが、今、眼前に広がる緑鮮やかなフィールド・オブ・ドリームスは、心を打たれる光景だった。

広い中庭と世間話ができるベンチを設けた災害公営住宅 `2015`

仮設住宅は役目を終え、元の野球場に `2021`

復興の景色

津波で流された商店街を仮設の「伊里前福幸商店街」として復活、後にハマーレ歌津として本設オープン（南三陸町歌津）

高台の女川高校のグラウンドにつくられた仮設商店街「きぼうのかね商店街」（女川町）

専用軌道を走るBRT気仙沼線の車窓からの景色（気仙沼市）

かさ上げ用の土砂が防災対策庁舎を覆い隠す（南三陸町）

気仙沼大島と本土を結ぶ気仙沼大島大橋が開通（気仙沼市）

64人が犠牲になった石巻市立雄勝病院跡地に設けられた慰霊碑（石巻市雄勝）

三陸沿岸道路として整備された全長1,344mの気仙沼湾横断橋（気仙沼市）

河川堤防の整備に伴い、既存の橋は河川堤防をまたぐ大きさに架け替えられた（石巻市長面）

仙台平野等沿岸エリア

石巻市

女川町

石巻市 **のぞみ野・あゆみ野**

石巻市 **門脇・南浜**

旧北上川沿い

東松島市

松島町

東松島市 **野蒜**

利府町

塩竈市

多賀城市

七ヶ浜町

仙台市
宮城野区

仙台市
若林区

仙台市若林区 **荒浜**

名取市

名取市 **閖上**

岩沼市

岩沼市 **玉浦西**

亘理町

山元町 **山下駅周辺**

山元町

山元町 **坂元駅周辺**

新地町 **新地駅周辺**

新地町

相馬市 **松川浦**

相馬市

0   30km

名取市

仙台市若林区

仙台市若林区

仙台市若林区

石巻市

名取市

名取市

2011

多くの建物が失われた日和山のふもとの住宅地

石巻市門脇・南浜

　南浜は地震と津波、その後に発生した火災、地盤沈下という複合的な災害により、ほとんどの建物が被害を受けた。2011年4月に日和山（ひよりやま）から見下ろした南浜は、わずかな建物を残してがれきに埋め尽くされていた。震災直後に設置された「がんばろう！ 石巻」の看板は復興のシンボルとなった。

　地区を東西に走る道路を境に海側は災害危険区域に指定され、一帯は更地の状態が続いていたが、2015年ごろから風景に変化が感じられた。かさ上げ造成されたところに戸建住宅や災害公営住宅が建ち始めていたのだ。2017年には、前年に完成した公営住宅の屋上に上がる機会にも恵まれた。

　2021年、38.8haに及ぶ広大な石巻南浜津波復興祈念公園が開園した。公園内に点在する広場にはかつての町名が付けられている。「一丁目の丘」と名付けられた築山の上から公園を眺めながら、かつてそこに広がっていた暮らしを想った。

2021

石巻南浜津波復興祈念公園として整備され、かつてのまちの面影を残すものはない

新しく整備する河川堤防の大きさを体感できる仕掛け

石巻市旧北上川沿い

　石巻は旧北上川の舟運により川湊として発展してきた。しかし、3.11の津波は防潮堤のなかった旧北上川を遡上し、市の中心部まで大きな被害をもたらした。

　旧北上川沿いにT.P.+4.5mの堤防を整備し、憩いの水辺となるような空間づくりが行われることになった。2015年には川沿いに堤防高のやぐらが組まれ、これからできる堤防の高さと幅を体感できるような仕掛けが設けられていた。

　右岸側の緩やかな勾配にした法面は、座って川を眺めたくなる。川沿いに整備された復興住宅や商業施設は、建物の2階と堤防天端をフラットにつなぐことで、川とまちの結びつきを感じられる空間ができあがっていた。川を遠ざけるのではなく、川とつながりながらまちを守る「かわまちづくり」を見ることができた。

津波からの防御だけでなく、にぎわいの場とするかわまちづくり

日和山から門脇・南浜を望む

日和山から旧北上川を望む

津波とともに火災にも見舞われた門脇小学校だが、児童や住民は日和山に避難し難を逃れた

がれきが片付けられた後には、津波到達高を伝えるポール（6.9m）が設置された

かさ上げと土地区画整理を実施し、「新門脇地区」として再建が進む

6階建ての災害公営住宅は津波避難ビルの役目も担う

門脇小学校は、津波と火災の痕跡を残す唯一の施設として校舎の一部が保存される

商業施設の2階と河をつなぎ、一体でかわまちづくりのにぎいを生み出す

内陸部の農地が2,000戸の新市街地に生まれ変わる

石巻市のぞみ野・あゆみ野

　石巻市内陸部に位置する新蛇田地区（後にのぞみ野・あゆみ野と命名）は、海沿いの南浜地区など災害危険区域に指定されたエリアに住んでいた人たちの移転先として整備された。

　2012年に移転予定地と聞いたときには農地が広がっていたが、2013年、2014年に造成工事が行われ、2015年からは急ピッチで住宅工事が進められた。2017年には、整然と区画された街並みにハウスメーカーの質の良い戸建住宅と、5階程

度と比較的低層の災害公営住宅が建ち並び、きれいな住宅団地ができあがっていた。

　住宅団地の整備にあわせてJR仙石線の新駅「石巻あゆみ野駅」もつくられた。三陸沿岸道路のインターチェンジにほど近く、すぐ横にイオンモールもあるこの場所は、とても住みやすい環境を備えた住宅地だろう。

新市街地には良質な住宅が建ち並ぶ

被災したJR仙石線は高台に移設されることになり、残されたホームは震災遺構として公開されることに

東松島市野蒜

　野蒜は奥松島とも呼ばれ、海岸線には見事な松林があった。震災では沿岸の低地部分を津波が襲い、松林と住宅を飲み込んだ。2011年に訪れたときには大きながれきは取り除かれていたが、1階が骨組みだけになった住宅に並んで根っこからなぎ倒された松が積み上げられていた。そのなかを走っていたJR仙石線も被害に遭い、野蒜駅は駅舎とホームの流出は免れたものの不通を余儀なくされた。

　東松島市は鉄道とともに野蒜の市街地ごと高台に移転することを選んだ。2013年に訪れると、丘陵地からベルトコンベアが延びていた。土砂の運搬にベルトコンベアが活躍したのは陸前高田だけではないのだ。移転先の丘陵の造成地は92haあり、東京ドーム2杯分の土砂を運び出す必要があったそうだ。

　2014年には土砂の運搬も佳境を迎え、新しい線路も着々と

高台からの土砂の運搬にベルトコンベアが活躍

ベルトコンベアの跡は低地と新市街地を結ぶ連絡通路として活用

2014

野蒜駅・東名駅の２駅にまたがる広さの新市街地が造成される

2016

住宅の移転に先駆けて再開した野蒜駅

造成地に向かって工事が進められていた。2015年に訪れると、既に仙石線は運転を再開していた。宅地の造成にはもう少し時間がかかり、2017年5月に約450戸の「野蒜ヶ丘」のまちびらきが行われた。2カ月後となる2017年7月に見た新市街地は道路も住宅もコンパクトでピカピカで、まさにニュータウンだった。かつてのベルトコンベア設置跡は、高台の新市街地と低地を結ぶ連絡通路として再利用されている。

一方、低地は手つかずの状態が続いていた。災害危険区域に指定しつつ、条件付きで現地再建を認めているため、ポツポツと住宅も残っている。旧野蒜駅は、プラットホームは震災遺構として保存され、駅舎はコンビニなどとしての利用を経て、2016年10月に震災復興伝承館としてオープンし、震災の記憶と教訓を後世に伝えている。

2017

丘の上に完成したピカピカの新市街地

かつての海辺の住宅地は災害危険区域に 2013

仙台市荒浜

2011年3月11日の夜にテレビから聞こえてきたのは、『仙台市荒浜で200〜300人の遺体発見か』という衝撃的な報道だった。実際は過大な数字ではあったが（周辺に居た人を含め死者186名）、津波被害の深刻さを感じた瞬間だった。

それから4カ月後の2011年7月、荒浜のがれきはあらかた片付けられ、残っているのは雑草に覆われかけた住宅の基礎のみ。見渡しても2,000人以上が暮らしていたような住宅地があ

ったことを想像するのは難しかった。

仙台市は荒浜を災害危険区域に指定、住民たちは新しい住まいを内陸に移したため、その後数年間は手つかずの状態が続いた。2017年、地区で唯一残った建物である荒浜小学校が震災遺構として公開されたのを皮切りに、5,000人が避難できる「避難の丘」の整備や民間企業による観光農園のオープンなど、少しずつ新たな荒浜の風景ができ始めた。

「避難の丘」から荒浜小学校が見える 2021

仙台東部道路の盛土構造が市街地への津波やがれきの侵入を防ぐとともに、避難する高台にも

内陸部まで津波で流され、錆びかけた鉄道車両

在りし日の荒浜の風景を展示

残された住宅基礎を震災遺構として保存

荒浜小学校に展示された時計は、津波が到達した時刻を留める

3.11にここで何があったのかを見る人に訴える展示

住宅に囲まれていたはずの日和山から、閖上全体が見渡せた

名取市閖上

閖上は名取川河口にある港町として発展、震災前には約5,500人が暮らしていたが、8.4mの津波に襲われほとんどの建物が流された。人的被害が大きく、旧町単位で見れば、今回の震災で屈指の被害だった。現地再建か内陸移転か、住民の意見はまとまらず、復興のスピードは宮城県で最も遅いとも言われた。

2012年以降、閖上唯一の高台である築山の日和山から見渡す景色には変化が感じられなかった。漁港では朝市が再開したり、カナダの支援による商業施設がオープンしたりと、小さな変化は見られたものの、閖上のまちとしての復興の姿が見え始めるのは、2016年からだった。

2017年に訪れると、名取川沿いに津波避難ビルのマークを付けた災害公営住宅と、絶賛工事中の戸建住宅が建ち並ぶエリアができていた。閖上は現地再建を決め、T.P.+5mの高さ

日和山の周辺は震災メモリアル公園に

津波で流された市街地をかさ上げして、新しい住宅を整備

までかさ上げし、その上に新しい住宅地をつくることにしたのである。この高さでも、東日本大震災級の津波が来れば浸水してしまうが、海岸に整備したT.P.+7.2mの防潮堤が津波の威力を弱めて時間を稼ぎ、その間に避難して命を守るという方法を選択したのだ。決定までに時間がかかったために、戻ってくる住民の数は少なくなったものの、その分コンパクトなまちができあがっているように見えた。

2019年には、名取川の河川堤防上に、他では見られない、閖上の新しいシンボルとなる商業施設「かわまちてらす閖上」が誕生した。この施設には、地元で被災した飲食店も入っており、そこで提供された赤貝は絶品だった。名取川に向かって開けた空間はとても開放的で、仙台など外からの人も呼び込み、閖上に新しいにぎわいを生み出していた。

ゆりあげ港朝市を牽引した商業施設「メイプル館」

被災した店舗が復活し、故郷の味を提供する

名取川の堤防と一体になって開放的な空間をつくり出す「かわまちてらす閖上」

2019

2013

移転用地の造成

2014

住宅の建設ラッシュ

岩沼市玉浦西

　3.11では、8mの津波が岩沼市の沿岸部を襲い、海岸沿いにあった6つの集落は大きな被害を受けた。これらの集落の住民たちは内陸にまとまって移転することを決め、海岸から3kmほどのところに玉浦西地区ができた。

　2013年に訪れたときは造成工事真っただなか、2014年は建設ラッシュ、2015年にはあらかたの住宅が完成し、既に生活が始まっていた。人口1,000人規模の集団移転事業としては最

も早い完了だった。

　住民が当初から積極的に移転先の検討に関わってきたことや、集落ごとに区画を割り振ることでコミュニティを維持するなどしたまちづくりは「集団移転のトップランナー」と呼ばれている。玉浦西災害公営住宅B-1地区は、2016年度のグッドデザイン特別賞（復興デザイン）を受賞している。

2015

新市街地には良質な住宅が建ち並ぶ

津波でひしゃげた跨線橋が残された坂元駅

山元町坂元駅・山下駅周辺

　2011年7月のJR常磐線坂元駅には、コンクリートがめくれたホームと歪んだ跨線橋、公衆トイレ、そしてまちの総合案内板だけが残っていた。駅前の住宅も、海岸沿いの松林も流されてなくなり、ホームからは海が見えた。隣の山下駅は同じように津波をかぶったものの住宅は残り、生活している人の姿もあった。

　震災から1年となる2012年3月に常磐線が内陸に移設され

ることが発表され、新しい市街地は内陸に新設される坂元駅と山下駅、その間に位置する宮城病院の3地区を中心につくられることになった。2013年には、新山下駅の近くに先行して災害公営住宅が建設されていた。

　2014年、畑だったところに大きな重機が入り路盤整備が進められていた。2016年7月に訪れたときには高架の駅舎も駅前広場も完成して、12月の運転再開を迎える準備は万全だっ

内陸移転して高架駅に生まれ変わった坂元駅

2011

山下駅では周辺の住宅も流出を免れた

た。

新しい市街地となった2つの新駅周辺には、それぞれ防災拠点・地域交流センターや商業施設などがオープンし、山元町が目指すコンパクトシティができあがっていった。

津波に流された沿岸部に目を向けると、常磐線の線路跡は道路に姿を変えた。ほぼ全てが流された旧坂元駅は、2016年には道路工事が進んでおり、総合案内板のみがかつての駅の面影を残していたが、2021年に訪れたときには、駅の痕跡はもはやなかった。旧山下駅周辺には再建された住宅が並び、駅跡地には慰霊碑が立てられ、役目を終えて草むしたホームの一部が残されていた。内陸での新しいまちづくりと呼応する海側の新しい魅力づくりにも期待したいところだ。

2016

内陸移転して高架駅に生まれ変わった山下駅

2013

新市街地に整備された災害公営住宅

津波により海岸防潮堤は大きくえぐられ、海岸線に沿ってみっしりと生えていた防災林もまばらに

出荷目前だった特産のいちごのビニールハウスも98％が被害を受けた

平時には交流、災害時には防災の拠点としての役割を担う拠点施設が山下駅前に完成

旧山下駅跡地に建立された慰霊碑「大地の塔」

流出した防災林の再生を目指し、新たに植樹された松林

JR常磐線の線路跡を道路として整備、旧山下駅前はラウンドアバウトに

線路が流出したJR常磐線の周りでも、さっそくかさ上げ工事が始まった

新地町新地駅周辺

　2011年7月、新地町役場の屋上から海の方に向かって見えたのは、冠水した田んぼと積まれたがれきとまばらに残った松だけだった。海岸沿いの集落は、ほとんどの家屋が流出して跡形もなくなっていた。まちの面積の5分の1が浸水し、JR常磐線新地駅は駅舎も線路も流出した。新地駅は300mほど内陸にかさ上げしたうえで移設されることになり、2016年末に常磐線の運転が再開した。

　新地では駅前を復興拠点と位置づけ新しいまちづくりを進めている。鉄道が再開したばかりの2017年は空き地のなかに駅がぽつんとあるような状況だったが、年を経るごとに交流センターや複合商業施設、ホテル、フットサル場と次々に施設が整備され、周辺では住宅も再建されていった。周辺の施設に天然ガスを活用した熱と電気を供給するエネルギーセンターも整備された。

かさ上げされた内陸に移設され、再開に向けて工事が進む新地駅

駅前には文化交流センターや商業施設が次々とオープンしている

津波に流された住宅や自動車が湖面に浮かんだままの松川浦

相馬市松川浦

　松川浦は潟湖（砂州によって外海と隔てられてできた湖沼）である。2011年7月、私たちは松川浦に面した旅館に宿泊した。旅館の周りの建物は浸水はしたものの大きな被害はないように見えた。しかし、部屋の窓から見た松川浦には家や自動車がいくつも浮かんでいた。がれきではなく、住宅がそのまま浮かんでいたのだ。

　この辺りは、前は松川浦、後ろは太平洋に挟まれた場所で

あり、太平洋に面した側は津波に押し流され反対側の松川浦まで流されたのだろう。太平洋側に回ってみると、やはり様相は全く違った。すでにがれきは片付けられ、茶色い地面がむき出しになっていた。

　被害に遭った場所は災害危険区域に指定され、2019年に訪れたときには公園や防災緑地の整備が進められていた。

大きな被害を受けた太平洋側のエリアは災害危険区域に指定され、跡地には公園が整備される

復興の景色

津波により護岸が流出した貞山運河（仙台市）

仙台空港は1階天井付近まで浸水し、仮設ロビーにて営業を再開（岩沼市・名取市）

食堂や井戸端スペースを設けた高齢者向け災害公営住宅「井戸端長屋」（相馬市）

がれきを利用して海岸沿いに築造された「千年希望の丘」は、津波よけとなる（岩沼市）

仙台湾南部の仙台市から山元町の海岸線に延びる、総延長29kmの海岸防潮堤（亘理町）

野蒜海水浴場の再開に向けて、背後の丘にトイレと一時避難場所を兼ねた防災棟を設けた（東松島市野蒜）

エネルギーの地産地消を目指す新地駅前で、エネルギーセンターからの熱と電気の輸送ルートを辿れる案内標識（新地町）

「減災・交流促進・震災アーカイブ」をテーマに、沿岸部に整備された防災緑地公園（新地町）

原発被災エリア

新地町

相馬市

南相馬市

南相馬市 **小高駅周辺**

浪江町

浪江町 **浪江駅周辺**

双葉町 **帰還困難区域**

双葉町

福島第一原子力発電所

大熊町 **帰還困難区域**

大熊町

大熊町 **役場周辺**

富岡町

富岡町 **夜の森駅周辺**

富岡町 **富岡駅周辺**

楢葉町

広野町

いわき市

0   30km

2013

避難指示が出され、立ち入りが制限された駅前通りに人影はない

南相馬市小高駅周辺

南相馬市小高の中心部に入れたのは2012年8月、震災から1年半ほどだったが、人のいない通りは本物のゴーストタウンだった。それまでも人がいないまちはいくつもあったが、そこには建物もなかった。小高は若干内陸に位置し、津波による被害はなかったのだが、原発から20km以内だったため警戒区域となり立ち入りが制限されていたのだ。

2012年3月の避難指示の見直しで避難指示解除準備区域に指定され、昼間は自由に立ち入れるようになったことから、私たちも小高に入ることができた。建物はあるのに人はいない。信号機は点いているのに通る車がない。以前のまちの姿からただ人の姿だけが消えていた。不思議な光景だった。

翌2013年、小高駅前に入った。JR常磐線が運休している駅には、やはり人の姿はなかった。駅前の駐輪場も、震災の日の朝に停められたのであろう自転車が、持ち主が取りに来ら

2013

震災当日の朝のまま、駐輪場に置き去りにされた自転車

2017

帰還住民のための災害公営住宅

2019

復興・再生の拠点となる小高交流センター

れないまま雑草に覆われていた。

　本格的に人が戻ってきたのは、避難指示の解除とともに常磐線も運転を再開した2016年以降だ。駅前でも建て替えられた住宅や災害公営住宅、営業を再開した旅館など、生活の場を小高に戻した人がいることが感じられた。常磐線の再開で駐輪場も復活し、徐々に停められている自転車の台数も増えていった。

　2019年には交流スペースやコワーキングスペース、マルシェやカフェを併設する「小高交流センター」ができていた。セグウェイで遊ぶ子どもたちの姿は、まちが息を吹き返し始めたことを改めて感じた。

2016

2018

避難指示が解除され、まちに人が戻ってくるにつれて、駅前の駐輪場にも自転車が戻ってきた

2016

5年間人が住まず、今にも崩れてしまいそうな建物が駅前のあちこちに残る

浪江町浪江駅周辺

　小高の次に訪れた浪江のまちは、小高とは対照的に映った。浪江駅前に初めて入ることができたのは2015年7月。震災から4年以上が経過していた。歩道は雑草に覆われ、建物は傾き、窓ガラスは割れて外壁は崩れ落ちていた。浪江駅付近も津波被害はなかったのだが、4年以上生活する人のいなかったまちはひどく荒れていた。

　浪江駅の入口も閉ざされていたが、ガラス扉越しに、震災

当日に書かれたであろう「大地震のため終日運転を見合せます」の文字がそのまま残るホワイトボードが見えた。

　2017年4月に仙台方面へのJR常磐線が再開し、それに合わせて浪江駅周辺の避難指示も解除された。しかし、2017年7月に訪れた駅前は、建物は倒壊寸前であるか、もしくは解体されて空き地となっているかで、とても生活を再開できるような状態には見えなかった。

2015

JR常磐線の運休で閉鎖された浪江駅

2015

震災当日のままの「大地震のため終日運転を見合せます」の文字

2019

建物の解体が進み、空き地だらけになった浪江駅周辺

2018年、2019年、2021年と訪れるたびに建物の解体は進んでいたものの、その後の土地利用は行われないままだった。浪江の駅前は小高に比べて呑み屋なども多く、夜もにぎわうまちだったのだろう。しかし、それがかえって駅前に人が戻ってくるのを妨げてしまっているのかもしれないと感じた。2021年3月に「浪江駅周辺整備計画」が策定され、駅前のまちづくりがようやく動き出すことになった。

もちろん浪江が復興に向けて動いていなかったわけではない。浪江町役場の一角には、避難指示が解除された2017年に仮設商業施設がオープンしていた。さらに2020年には、地場産品販売施設やフードコート、無印良品が入る「道の駅なみえ」が復興のシンボルとしてオープンした。私たちが2021年に訪れたときも多くの人でにぎわっていた。

2021

直売所や道の駅初出店の無印良品など、人を呼び込む施設が並ぶ「道の駅なみえ」

2011

2012

原発警戒区域（20km圏内）への立ち入りを禁止するバリケード

警戒区域へは通行証の提示が必要

双葉町・大熊町（帰還困難区域）

　原発事故後、福島県の太平洋沿岸部の警戒区域、帰還困難区域に指定されたエリアでは立ち入りが制限されてきた。2011年の南相馬市では、海沿いの道路を南下していくと目の前に20km圏内への立ち入りを禁止するバリケードが現れた。大きな通りには検問所が設置されていたし、どんな小さな道もバリケードで塞がれていた。

　当初、帰還困難区域の北側から南側へ行くには大きく内陸へ迂回する必要があったが、2014年9月に区域内を南北に走る国道6号が通り抜け可能になった。翌2015年、車窓から見た国道6号沿いは、全ての入口という入口にバリケードが設置され、その向こうの家は雑草に埋もれていた。

　この景色は2021年になってもほとんど変わらなかった。取り壊されることもなく、年々朽ちていく建物を見ながら帰還困難区域のなかを南に向かって車を走らせた。

2015

自動車による通過のみが許可された国道6号に、バリケード街道のごとく

住宅の片隅や道路には除染土を詰めたフレコンバッグが並べられていた

駅前や黒鉛などに設置されたリアルタイム線量測定システム

帰還困難区域となり立ち入れなくなった国道6号沿いの商店は、雑草に覆われ朽ちていく

帰還困難区域に建つ海の家「マリーンハウスふたば」を、震災遺構として整備するか議論が進められている

2020年3月のJR常磐線全線再開を、双葉駅と大野駅も新しい駅舎となって迎える

鉄道再開でも通行できるのは駅前広場と一部の道路のみで、周りの住宅はバリケードに囲まれ立入禁止

復興の足がかりとなる町役場の新庁舎

大熊町役場周辺

　大熊町は震災翌日に全町避難を余儀なくされた。その後の避難指示区域の再編でも、まちの中心を含む居住地の多くは帰還困難区域に含まれ、住民は全国にバラバラになった。

　まちは、避難指示が解除された大川原地区に新しい拠点の整備を進めることとしていた。2019年に訪れたときには、町役場の新庁舎がオープンし、災害公営住宅が完成してようやく最初の住民が帰ってきたところだった。避難指示解除に先立ってはJヴィレッジにあった東京電力社員寮も隣接地に移され、洒落た食堂もできていた。周辺には医療・福祉施設や植物工場、廃炉関連企業も立地している。ここからまちの未来を切り拓こうとしているのだ。

　多くの人が住んでいたエリアは中間貯蔵施設が建設され、立ち入ることも難しくなった。この新しい拠点が新しい大熊町のふるさととなっていくことを願うばかりだ。

東京電力社員寮

ふるさとで暮らしを取り戻すための災害公営住宅

線路の向こう側は帰還困難区域で立ち入れない

富岡町夜の森駅周辺

通行可能になった国道6号を抜けて、夜の森に初めて入ったのは2015年7月だった。帰還困難区域の南端に位置し、JR常磐線夜ノ森駅の線路を挟んで東側は帰還困難区域に指定された。残念ながら桜の季節に訪れることはできなかったが、全長2.2kmに及ぶ立派な桜並木も大部分がバリケードの向こう側になってしまった。

2019年に夜ノ森駅の東側エリアが、帰還に向けて除染・インフラ整備を集中的に進める「特定復興再生拠点区域」に指定され、まず駅前の道路や桜並木の一部が先行して避難指示解除されることになった。2021年7月、初めて東側に足を踏み入れたが、まだ歩き回れるのは本当に道路だけで、その先はバリケードに閉ざされていた。

2023年春が解除目標だという。今度は満開の桜並木の下を歩いてみたいと思う。

バリケードで封鎖された桜並木

2015

線路は雑草に覆われ、汚染廃棄物の仮置き場に

富岡町富岡駅周辺

　2015年7月、夜ノ森駅から隣の富岡駅に向かう間には、除染する作業員の姿や除染土を詰めた黒いフレコンバッグが道端に並べられ、原発事故の被災地であることを改めて感じた。ここまで福島県内をめぐってきて、仮置き場は時々見かけたが、除染作業中の光景を見ることがほとんどなかったことに気づいた。

　富岡駅の周辺では、岩手県や宮城県で震災直後に目にした

ような、津波に1階をさらわれ骨組みだけになった住宅がそのままに残され、ようやく解体されようとしていた。富岡駅は海から300mほどしか離れていない。これまでの小高や浪江とは異なり、津波被害を片付ける暇もないまま、町外へ避難せざるを得なかったことを物語っていた。

　富岡駅の駅舎は既に解体され、線路も雑草に埋もれ、駅の場所がにわかにはわからなかった。線路と海の間は除染土を

2015

震災から4年を経てなお、津波の爪痕が残る住宅

2017年10月にJR常磐線運転再開、新しい富岡駅が営業再開

戻ってきた住民と、新しい住民の生活を支える商業施設がオープン

詰めたフレコンバッグが山と積まれ、仮置き場になっていた。

　2017年7月に訪れたときは、3カ月後の10月のJR常磐線再開に向けて、新しい駅舎の建設工事が進んでいた。まちの様子も劇的に変わっていた。洒落た災害公営住宅や、暮らしを支える複合商業施設もオープンしていた。さらにその周りには、災害公営住宅よりも多くの真新しい単身者用アパートがつくられていた。これも他のまちでは見られなかった光景だ。

廃炉や復興に関わる人たち向けの住宅だという。富岡に戻ってきた住民と、新しくやってきた住民が、これからの富岡のまちをつくっていくのだ。

芝生の公園を囲むように建てられた災害公営住宅

復興の景色

2021

地震・津波・原発事故という複合的災害に見舞われた福島の復興の象徴となる復興祈念公園が、浪江町と双葉町にまたがる沿岸エリアに整備される

2021

「廃炉」「ロボット・ドローン」など、浜通りでの新たな産業基盤の創出を目指す「福島イノベーション構想」

2021

原子力災害伝承館は原発事故の記録を展示し、記憶を後世に伝える施設として2020年に開館

2021

浪江町立請戸小学校は2階の床面まで浸水したが、児童は避難し無事。福島県内最初の震災遺構として公開

2021

原発事故の対応拠点となったJヴィレッジは、2018年に再びサッカーの聖地に

復興まちづくりトピックス

■東日本大震災の概要

地震の概要

2011年3月11日14時46分、三陸沖を震源とするマグニチュード（M）9.0の地震が発生した。この地震で宮城県栗原市で最大震度7を観測、宮城県、福島県、茨城県、栃木県の4県37市町村で震度6強を観測したほか、東北地方を中心に北海道から九州地方にかけて広い範囲で震度6弱～震度1の揺れを観測した。

この地震は世界的に見ても、1960年のチリ地震（M9.5）、1964年のアラスカ地震（M9.2）、2004年のインドネシア・スマトラ島沖地震（M9.1）に次ぐ、1900年以降4番目の巨大地震となった。

気象庁はこの地震を「平成23年（2011年）東北地方太平洋沖地震」と命名。また、政府は4月1日に、この地震による災害と東京電力福島第一原子力発電所の事故による災害を「東日本大震災」と呼ぶことを決定した。

この地震では、断層の破壊が岩手県沖から茨城県沖にかけて長さ約450km、幅約200kmに及ぶものであり、そのため北海道から千葉県までの広範囲に巨大な津波を発生させるにいたったと考えられている。

発生日時	平成23年3月11日（金）14時46分
震源	牡鹿半島の東南東130km付近
震源域	岩手県沖から茨城県沖（長さ約450km、幅約200km）
マグニチュード	9.0
震度	震度7　宮城県北部
	震度6強　宮城県南部・中部、福島県中通り・浜通り、茨城県北部・南部、栃木県北部・南部
	震度6弱　岩手県沿岸南部・内陸北部・内陸南部、福島県会津、群馬県南部、埼玉県南部、千葉県北西部

《人的被害・物的被害》

東日本大震災は、地震の揺れと津波により東北地方の沿岸部を中心として広範囲に甚大な人的被害、物的被害をもたらした。

2022年3月10日付けの警察庁の発表によると、地震による死者は全国で15,900人であり、岩手県4,675人、宮城県9,544人、福島県1,614人と3県で全死亡者の99.6％を占めている。この他に避難先で体調を崩すなどして亡くなった震災関連死の人数は2022年3月31日現在（復興庁発表）で3,789人（うち岩手県470人、宮城県930人、福島県2,333人）となっており、死亡者は全体で19,689人にのぼる。行方不明者は2,523人（2022年2月末現在）である。2012年9月6日付けの警察庁の発表によると、死因の約90％が溺死であり、東日本大震災の人的被害のほとんどは津波によるものだったことがわかる。

建物被害は、2022年3月8日付けの消防庁の発表では、全国で全壊122,006棟（うち岩手県19,508棟、宮城県83,005棟、福島県15,435棟）、半壊283,160棟となっている。被害は地震による倒壊や破損に加え、津波による流出・破損・浸水、津波到達後に発生した火災による焼失、地盤の液状化に伴う沈下・傾斜など多岐にわたる。

沿岸部を走る鉄道も津波により、駅舎や線路の流出など大きな被害を受けた。地震発生時、東北新幹線やJR在来線、三陸鉄道、仙台空港鉄道が営業運転を行っていたが、人的被害は出ていない。

道路でも、三陸沿岸地域を縦走する国道45号が津波で寸断されたのをはじめ、国道・県道の多くの区間が通行不能となり、緊急支援活動や物資輸送に困難を伴う状態がしばらく続いた。

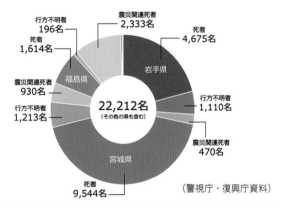

（警視庁・復興庁資料）

沿岸市町村の死者・行方不明者数およびその率（2022年3月時点）

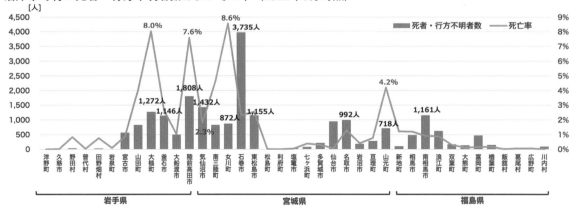

（警視庁・復興庁資料）

《津波特性と被害》

　本震発生から3分後の14時49分に岩手県、宮城県、福島県の沿岸に大津波警報が発表され、その後、日本のすべての沿岸に対して津波警報と津波注意報が発表された。すべての警報・注意報が解除されたのは3月13日夕方であった。

　津波の規模は津波の高さで表現されるが、津波の高さには3種類の定義がある。「津波高」は検潮所潮位観測所で計測した海上での津波の高さであり、気象庁の津波観測記録に用いられる。「浸水高」は陸上での津波高を示し、建物に残った水跡や付着ゴミなどで測定される。「遡上高」は陸上で最も高い位置に到達した高さを指す。

　東日本大震災における津波高は、岩手県宮古市で8.5m以上、宮城県石巻市鮎川で8.6m以上、福島県相馬市で9.3m以上を記録している。いずれも津波の影響で途中から観測データを送信できなくなったため「以上」という表現になっている。市街地被害に大きく影響する浸水高は、岩手県北部から宮城県牡鹿半島にかけての三陸沿岸では10m〜15mに達し、場所によっては20mを超える浸水高が観測されている。仙台平野では10m前後、福島県でも10m〜15mに達した。最大遡上高は岩手県大船渡市で40.1mが記録されている。

　場所による浸水高の違いが生じたのは、東北地方の太平洋沿岸は宮古から牡鹿半島までの岬と湾（入り江）を繰り返す「リアス海岸」と、石巻から福島までの緩やかな平野の「平野海岸」に分かれるためであり、地形により発生する津波の性質が異なる。

　リアス海岸は、津波が湾の奥に進むにつれて入り江の幅が狭まるため、津波高が高くなる傾向がある。さらに谷の奥深くまで遡上した津波は、引くときに斜面を滑り降りるために非常に強い引波となってあらゆるものを押し流すことで被害が大きくなる。一方、平野海岸では、津波は陸地を進むにつれ急激に弱まるが、平坦な地形が広域にわたるために浸水域が広くなり被害が大きくなる。

　3県の浸水面積は、沿岸部に平地の少ない岩手県は58k㎡、平野部が多い宮城県は327k㎡、福島県は112k㎡であり、宮城県は県全体の約16.3％が浸水した。

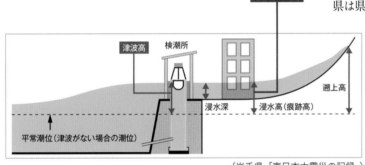

（岩手県「東日本大震災の記録」）

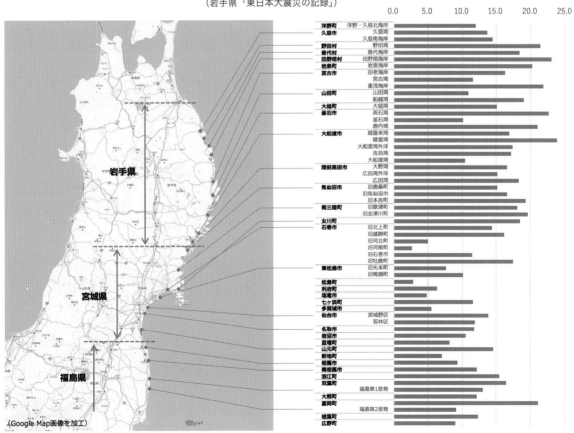

（Google Map画像を加工）

（岩手県「東日本大震災津波の記録」、宮城県「東日本大震災―宮城県の発災後1年間の災害対応の記録とその検証―」、福島県「東京大学大学院佐藤慎司教授研究グループ調査、東京電力調査」）

復興の概要

政府は東日本大震災からの復興期間を2020年度までの10年間と定め、省庁の枠を越えた復興庁を設立するとともに、2015年までの5年間を「集中復興期間」、2016年からの5年間を地方創生のモデルとなるような復興の実現を目指す「復興・創生期間」と位置づけた。

震災から10年を経てハード面の復興は概ね完了した。復興道路・復興支援道路（全長570km）が2021年12月に全線開通し、鉄道も2020年3月の常磐線全線運転再開で被災した鉄道は全て復旧した。住まいの再建も（福島県の帰還者用を除き）2020年12月に完了した。

農業と水産業も、被災した農地の95％が復旧し、被災した漁港全てで陸揚げが可能になった。

この10年間の成果として政府は、地震・津波被災地域は「復興は総仕上げの段階」にあり、「被災者の心のケアなど残された課題に取り組むことが必要」とされ、原子力災害被災地域においては「復興・再生が本格的に始まった段階」にあり、「引き続き国が前面に立って、中長期的に対応することが必要」だとしている。

そして、2021年から2025年を新たな復興期間として「第2期復興・創生期間」と位置づけ、復興庁を10年延長することとした。第2期では原子力災害被災地域の本格的な復興・再生に向けた取り組みを中心に据えている。

《復興予算と財源》

震災発生からの10年間に投入された国の復興予算は、約36兆円にのぼる。使いみちとして最も多かったのが「住宅や防潮堤、道路などの整備費用」で13.1兆円、2番めに多い「被災自治体への交付」の5.9兆円もその多くがインフラ整備に使われた。13.1兆円のうち、防潮堤の建設費用に1.3兆円、復興道路を含む高速道路の総事業費に2兆円、高台移転や土地のかさ上げ、災害公営住宅の建設など住まいの再建に1.8兆円が投入された。

これら復興予算の財源のうち4割が復興増税によって賄われている。

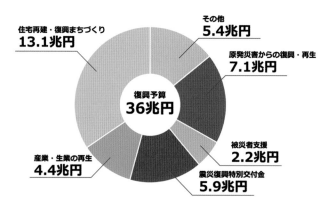

（平成23年～令和2年復興関連予算の執行額）

《2011年～2022年の人口変化》

2011年3月から2022年3月までの11年間で、沿岸自治体の人口は大きく減少した。

岩手県と宮城県の沿岸自治体で、震災前より人口が増加したのは仙台市（宮城野区・若林区）と名取市、利府町のみで、残る24自治体は震災前を下回った。もともと人口減少局面だったところに、震災により住む場所・働く場所が失われ急激な人口減少となった。特に宮城県女川町はマイナス37％、南

三陸町はマイナス31％、山元町はマイナス28％、岩手県大槌町はマイナス30％と減少幅が大きい。

一方、福島県は全町村避難を余儀なくされた自治体も多く、避難指示は順次解除されているものの、解除までに時間を要した原発周辺では帰還した住民が1割に満たない自治体も多い。

沿岸市町村の人口変化（2011年～2022年）

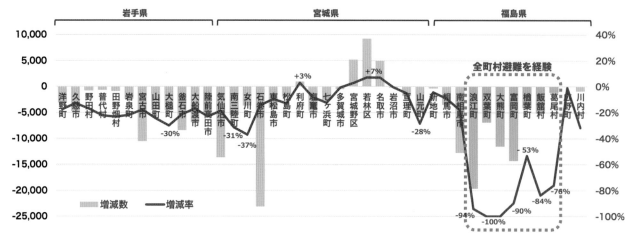

（各県人口推計）

■復興を支える主な事業制度

市街地復興事業（主に住宅再建を支える制度）の全体像

　東日本大震災における市街地復興は、大きく分けて、①新市街地整備（高台や内陸部に新たな市街地を整備し都市機能を移転）、②現位置再建（被災前の市街地をかさ上げし、安全性を高めて再建）、③これらの組み合わせの3パターンに分類される。それぞれの市町村が地理的条件や地域特性などに対応した整備パターンを選択し、住宅再建が計画された。

　そして、これらを実現する事業手法には、防災集団移転促進事業（防集事業）、被災市街地復興土地区画整理事業、津波復興拠点整備事業などがある。基本的には被災市街地からの移転には防集事業、現地での面的な復興には被災市街地復興土地区画整理事業、早期の拠点整備には津波復興拠点整備事業が適用され、住宅再建の計画に合わせて事業手法をさまざ

まに活用する、あるいは複数の事業を組み合わせて活用されている。

　個々の住宅再建には、被災者自身による自力再建とともに自治体などが整備する災害公営住宅が供給された。

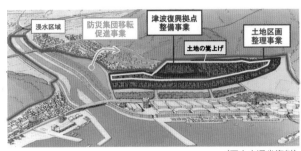

（国土交通省資料）

《市街地復興の事業パターン》

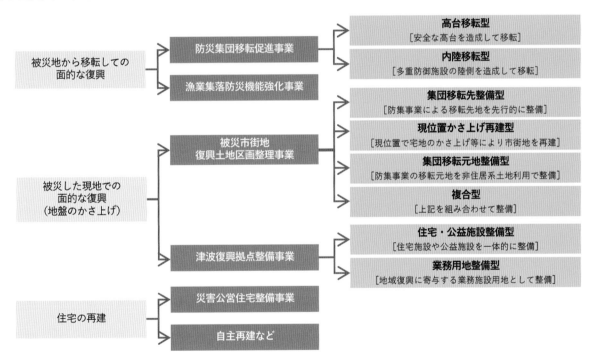

《市街地復興事業の推移》

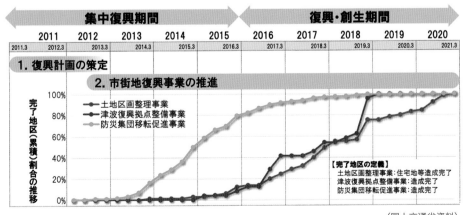

（国土交通省資料）

■市街地復興事業の推移

　被災3県では、防集事業321地区、土地区画整理事業（住宅系）50地区、津波復興拠点整備事業24地区が実施され、民間住宅等用宅地の造成は2020年12月末をもって完了した。

　防集事業は発災から4～5年後、土地区画整理事業は6～7年後に宅地供給のピークを迎えている。

《防災集団移転促進事業》

防災集団移転促進事業は、災害が発生した地域のうち、住民の居住に適当でないと認められる区域内にある住居の集団移転を支援する事業である。

津波による甚大な被害を受けた地区を移転促進区域（災害危険区域）に設定して、再び津波に対して脆弱な住宅地が建設されることがないよう建築制限を行い、居住者の土地を買い取るとともに、移転先の用地取得と造成、移転者の住宅再建に対する助成などにより、安全な住宅団地に集団的に移転させることを目的とする、都市計画決定を要しない任意事業型の仕組みであり、迅速な事業着手や柔軟な計画変更ができる。

■事業要件

- 住居の集団的移転を促進することが適当であると認められる区域の移転促進区域の設定（事業区域を建築基準法第39条の災害危険区域に指定し建築制限を行うことが要件）

- 住宅団地の規模：5戸以上（国交相が特別な事情があると認める場合を除き、移転しようとする住居の数が10戸を超える場合には、その半数以上）

■支援対象

①住宅団地（住宅団地に関連する公益的施設を含む）の用地取得および造成に要する費用

②移転地の住宅建設・土地購入に対する補助に要する経費。住宅団地に係る道路、飲用水供給施設、集会施設等の公共施設の整備に要する費用

③移転促進区域内の農地および宅地の買い取りに要する費用

④移転者の住居の移転に関連して必要と認められる作業所等の整備に要する費用

⑤移転者の住居の移転に対する補助に要する経費

⑥事業計画等の策定費

南三陸町藤浜地区（高台移転型）被災3県で最初に竣工した10区画の防集事業

宮古市田老地区（高台移転型）

岩沼市玉浦西地区（内陸移転型）

《被災市街地復興土地区画整理事業》

被災市街地復興土地区画整理事業は、復興に向けて公共施設と宅地を計画的かつ一体的に整備する事業である。

インフラ整備や宅地の整序を行ったうえで権利者に土地を戻すことのできる事業手法であり、現位置での市街地再建を実現する仕組みとして活用された。また、防集事業で新たに開発する高台など移転の受け皿となる市街地を整備する際にも適用されるとともに、甚大な津波被災地など必要な要件を満たした場合は、通常の土地区画整理では対象とならない宅地部分のかさ上げに対する支援が認められたことにより、より安全性の高い市街地創出のツールとして活用された。

■事業要件

- 都市計画に「土地区画整理事業」が定められていること（東日本大震災復興特別区域法により市街化調整区域においても土地区画整理事業を定めることが可能となった）

■支援対象

①緊急防災空地整備事業

- 土地区画整理事業予定地において、緊急防災空地の用地を取得するのに要する費用（減価保証地区以外も対象）

②都市再生事業計画案作成事業

- 土地区画整理事業を実施するための事業計画の案の作成に要する費用

③被災市街地復興土地区画整理事業

- 区画道路、公園等の公共施設を用地買収方式で整備した場合の事業費等を限度額として事業を支援

- 限度額には、津波防災整地費（津波により甚大な被害を受けた地域において、一定以上の計画人口密度などの必要な要件を満たした場合に限った、防災上必要な土地のかさ上げ費用）を含む

大槌町町方地区（現位置再建型）

名取市閖上地区（現位置再建型）

東松島市野蒜地区（集団移転先整備型）

《津波復興拠点整備事業》

　津波復興拠点整備事業は、東日本大震災を受けて創設された事業であり、津波により被災した地域の復興を先導する拠点とするため、住宅・公益施設・業務施設等の機能を集約させた安全な市街地を緊急に整備することを目的とする用地買収型の事業である。

　同じ買収型の防集事業が住宅の移転と整備を中心としているのに対し、津波復興拠点整備事業は公益施設や業務施設等の用地整備も対象とし、土地のかさ上げに対する支援も行われたことから、復興の中心拠点となる市街地を早期に整備するツールとして活用された。

　単独事業によるスポット的な拠点整備だけでなく、土地区画整理事業による事業用地の集約換地を伴った一体的な市街地整備、防集事業の住宅団地との一体整備など、他の事業と組み合わせて活用することで一層効果的な実施が可能となる。

■事業要件

- 津波により甚大な被害を受けた地域において「一団地の津波防災拠点市街地形成施設」として定められていること等
- 住宅団地の規模：5戸以上（国交相が特別な事情があると認める場合を除き、移転しようとする住居の数が10戸を超える場合には、その半数以上）

■支援対象

①津波復興拠点整備計画策定支援に関する費用
- 計画策定費、コーディネート費

②津波復興拠点のための公共施設等整備
- 地区公共施設整備、津波防災拠点施設整備等

③津波復興拠点のための用地取得造成

大船渡市（大船渡駅・キャッセン大船渡周辺）

女川町（女川駅前レンガみち周辺）

南三陸町（ベイサイドアリーナ周辺）

《災害公営住宅整備事業》

　災害公営住宅整備事業は、災害により住宅を失い、自ら住宅を確保することが困難な者に対して、低廉な家賃で貸し出す公営住宅を整備する事業である。

■整備手法

①直接建設方式（市町村の直接整備、県代行整備）
- 計画の自由度は高いが、設計・工事発注に係る行政のマンパワーが必要

②買取方式（民間事業者、協議会、UR都市機構）
- 行政のマンパワー不足を解消できるとともに、業者選定等にかかる期間の短縮が可能だが、契約事務等が煩雑化

③借り上げ方式
- 初期投資が少なく、将来の需要変化に対応した供給量の調整が可能だが、契約満了時に住み替え需要が集中する可能性がある

大槌町大ケ口地区
地元産材を活用した和風木造長屋

山元町新山下駅周辺地区

相馬市馬場野地区（井戸端長屋）
高齢者用共助住宅

釜石市上中島町復興公営住宅
新日鉄の所有地を活用した民設市買取型

女川町陸上競技場跡地地区
高台の陸上競技場を解体し早期に整備

名取市閖上地区
2階へ直接通じる避難スロープ

新しい津波防災

東日本大震災において東北地方を襲った津波の高さは想定をはるかに超えるものであり、これを契機に津波防災の考え方が抜本的に見直されることとなった。

今後の津波防災対策を構築するにあたって、①数十年〜数百年に一度の頻度で発生する津波（レベル1津波）に対しては、海岸構造物を設けて被害を出さない「防護」を目標とする、②数百年〜千年に一度の極めて低頻度で発生する津波（レ

ベル2津波）に対しては、多重防御によって避難を容易にして犠牲者を最小化する「減災」を目標とする、という2つの基準を設定した。

防潮堤などの海岸保全施設の高さはレベル1津波が越えない高さとして、人命や住民財産の保護、地域経済活動の継続を確保するものとする。

《河川における津波対策の考え方》

河川における津波防御の考え方として、国は、津波を河口で止めて遡上を防ぐ「水門方式」と遡上した津波が越水するのを防ぐ「堤防方式」を基本とし、社会的な影響や経済性、水門の維持管理および操作の確実性、まちづくりの観点を含めて総合的に検討したうえで判断することとなっている。

震災以前は水門方式が多く採用されていたが、今回の津波を受けて、岩手県は「水門方式」、宮城県は原型復旧にとらわれず「堤防方式」を基本とした河川津波対策を行うことを決めた。

水門方式

- 水門の高さは、海岸堤防と同じ高さとなる
- 水門背後の河川堤防は、洪水に対応するための高さ（大きさ）で整備する
- 災害復旧事業においては、広域地盤沈下分をかさ上げし、元の高さに戻す
- 表法面は必要に応じて護岸で被覆するが、裏法面は張芝を標準とする

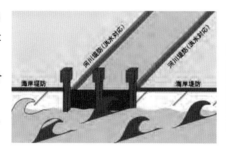

野田村

釜石市鵜住居

堤防方式

- 河口付近の高さは、海岸防潮堤と同じ高さとなる
- 河口から第一の山付部もしくは橋梁（道路盛土）部まで、水平に設定する
- 河川津波遡上シミュレーションの計算水位に1mを加えた水位を包含するように上流に向けて階段状に堤防高を下げていく
- 異なる堤防高のすりつけ勾配は6％を標準とする
- 表法面を厚い護岸で被覆し、裏法面も必要に応じて護岸で被覆する

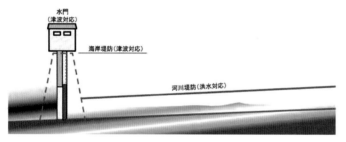

南三陸町志津川

石巻市旧北上川

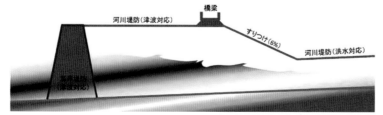

（宮城県資料）

■特徴のある復興計画の例

野田村 ―三線堤による多重防災型の復興まちづくり―

「野田村東日本大震災津波復興計画」（2011.11）では、基本理念を「安全・安心で活力あるむらづくり」とし、防災まちづくり、生活再建、産業・経済再建の3つの基本方針からなる復興の方針と地区別の復興パターンを示している。

野田地区の復興パターンは、3つの堤防（三線堤）でまちを守る多重防災型の構想になっている。

第1堤防：新設する防潮堤

第2堤防：三陸鉄道・国道45号・海岸防護壁

第3堤防：盛土

第3堤防から海側を非居住エリア（災害危険区域）とし、住宅の高台移転等を進める。高さ14mの第1堤防（防潮堤）で防げない津波が市街地に到達する時間を稼ぐため、第2堤防から第3堤防の間の緩衝地帯をポケット状の公園（十府ヶ浦公園）として整備する。

村役場周辺の中心市街地では土地区画整理事業を実施し、村民が日常的に集まる居心地がよく楽しい中心部の形成を方向づけている（「野田村復興むらづくり計画」〈2013.03〉）。

三線堤を中心に据え、復興事業をうまく活用した防災まちづくりが推進されている。

中心部の将来イメージ

（野田村復興むらづくり計画）

第1堤防の断面イメージ

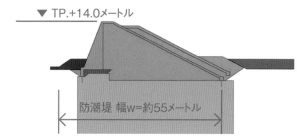

（野田村復興記録誌）

野田地区の復興パターン断面イメージ

（野田村東日本大震災津波復興計画に加筆）

野田地区の復興パターン

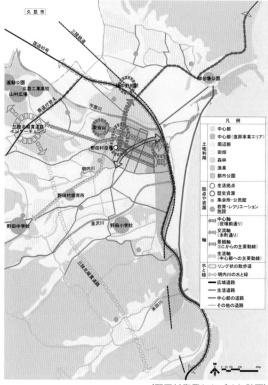

（野田村東日本大震災津波復興計画）

野田村の将来像（空間構成図）

（野田村復興むらづくり計画）

宮古市田老地区 ―「万里の長城」の再生と海の見える高台団地の形成―

「万里の長城」とも称された高さ10mのX字型二重防潮堤の大損壊と地区の甚大な被害を踏まえ、「田老地区復興まちづくり計画」(2012.03)では、改めて二重の防潮堤（一線堤・二線堤）を整備するとともに、浸水エリアの土地区画整理事業と高台の防災集団移転促進事業を防災まちづくりの柱として打ち出している。

　地区復興まちづくり計画に則って復旧・復興事業が展開されている。二線堤（T.P.+10m）は従来の防潮堤のかさ上げ復旧を基本とし、一線堤（T.P.+14.7m）は新たに整備する。

国道45号をかさ上げ地にシフトし、それより山側では住宅の立地を可能とし、地区内での居住継続意向に対応している。

　堅固な防潮堤の再整備と国道45号のかさ上げと区画整理による商業系土地利用の誘致、高台の防集団地の整備と、甚大な被害を教訓とした復興まちづくりを実践している。今後、震災遺構の「たろう観光ホテル」を含む被災地（野原地区）の区画整理と産業系土地利用等が進められる予定である。

田老地区復興まちづくり事業計画図

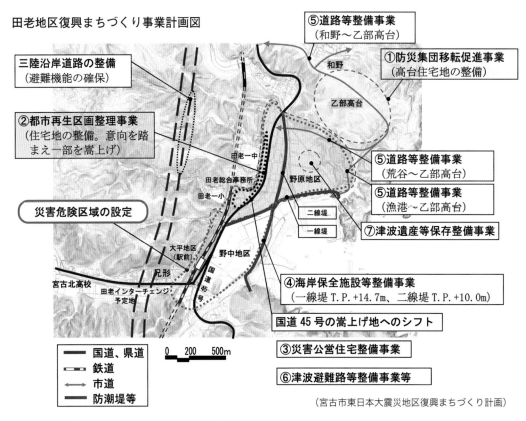

- ⑤道路等整備事業（和野〜乙部高台）
- ①防災集団移転促進事業（高台住宅地の整備）
- 三陸沿岸道路の整備（避難機能の確保）
- ②都市再生区画整理事業（住宅地の整備。意向を踏まえ一部を嵩上げ）
- 災害危険区域の設定
- ⑤道路等整備事業（荒谷〜乙部高台）
- ⑤道路等整備事業（漁港〜乙部高台）
- ⑦津波遺産等保存整備事業
- ④海岸保全施設等整備事業（一線堤 T.P.+14.7m、二線堤 T.P.+10.0m）
- 国道45号の嵩上げ地へのシフト
- ③災害公営住宅整備事業
- ⑥津波避難路等整備事業等

凡例：── 国道、県道　▭ 鉄道　↔ 市道　══ 防潮堤等　0 200 500m

（宮古市東日本大震災地区復興まちづくり計画）

防災集団移転促進事業エリア（三王団地）断面イメージ

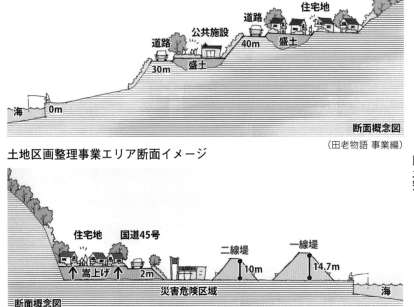

断面概念図

（田老物語 事業編）

三王団地から区画整理エリアを見下ろす

土地区画整理事業エリア断面イメージ

住宅地　国道45号　二線堤 10m　一線堤 14.7m　嵩上げ 2m　災害危険区域　海

断面概念図

（田老物語 事業編）

田老地区 土地区画整理事業 完成イメージ

この図は完成予想図です。実際とは異なる場合があります。

（宮古市資料）

大槌町町方地区 ―地域の主体的な参画で再生する新たな中心市街地―

　大槌町は、復興計画を立てるにあたり、町内10地区ごとに地域復興協議会を立ち上げ、専門家のコーディネートのもと、住民との協働による検討を進めた。「大槌町東日本大震災津波復興計画基本計画」は2011年12月に策定された。復興のコンセプト（まちの将来像）は「海の見えるつい散歩したくなるこだわりのある『美しいまち』」。

　大槌町は、復興基本計画の策定後も地域ごとに、住民の主体的な参画による復興まちづくりの推進を志向した。行政・コンサルタント・学識経験者のユニットが住民主体の議論をとりまとめていくこととし、その枠組みとして「大槌デザイン会議」が設置された。2013年3月から2014年3月にかけて6回のデザイン会議が開催され、その成果は「大槌デザインノート」としてとりまとめられた。このデザインノートを根拠として具体的な空間設計が進められている。

　町方地区では、かさ上げと区画整理による現位置再建と防集による移転を両輪として復興まちづくりが進められている。山裾に沿うようにかさ上げした新たな市街地を整備し、川沿いエリアからの移転を進め、跡地は公園や運動施設、産業用地等として利用する。コンパクトで整ったまちなみを持つ市街地として再生・復興を進めている。

　大槌川と小鎚川が河口で合流する地形であり、2つの水門を連結する形の防潮堤（高さ14.5m）となっているのも特徴的だ。

公園整備のイメージスケッチ

御社地公園イメージ図

6号公園イメージ図

（大槌デザインノート）

町方地区の将来像

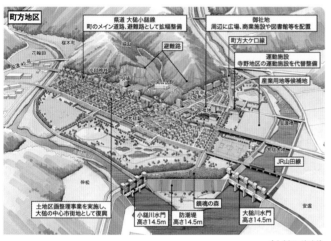

（大槌町資料）

町方地区復興計画案

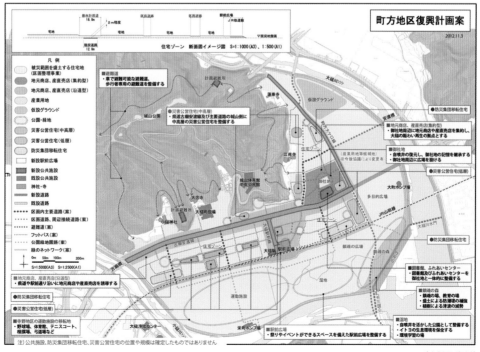

（大槌町資料）

陸前高田市 —空前絶後のかさ上げに希望を託す—

広範囲に及んだ津波浸水被害のすさまじさが、陸前高田市の復興のあり方を大きく規定したと言える。

2011年12月に「陸前高田市震災復興計画」が策定された。新市街地の整備方針として、津波浸水を免れる高さの確保を基本に、山側にシフトしたコンパクトな市街地の形成を図ることとしている。

中心地区である高田地区の復興まちづくりを眺めてみよう。復興計画の時点では地盤のかさ上げ高さは5m程度だったが、その後、防潮堤高さが要望の15mより低い12.5に決定、さらにJR大船渡線の復旧想定との兼ね合い、高台造成の土砂処理、雨水排水等を考慮した結果、最終的にかさ上げ高さは9

〜11mにまで大きくなった。ヤマタノオロチとも称されたベルトコンベア「希望のかけ橋」による大量の土砂搬送も導入しながら実施したかさ上げ造成に要する時間は長くなり、建物の建設開始、生活再建も遅れることとなった。2021年10月の視察時点では、かさ上げエリアにはアバッセたかた（2017年4月開業）をはじめとする商業施設や市立博物館などの公共施設が立地していたが、希望が多かったとされる住宅の立地はあまり進んでおらず、これからが正念場に思えた。

海側では、復興計画等に沿って奇跡の一本松や国営追悼・祈念施設を含む高田松原津波復興祈念公園が整備されている。

公園整備のイメージスケッチ

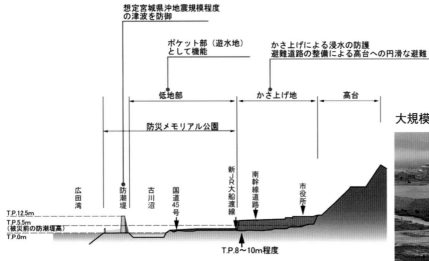

（陸前高田市震災復興計画）

大規模なかさ上げ工事が続いた（2015年撮影）

高田・今泉地区復興整備事業総括図

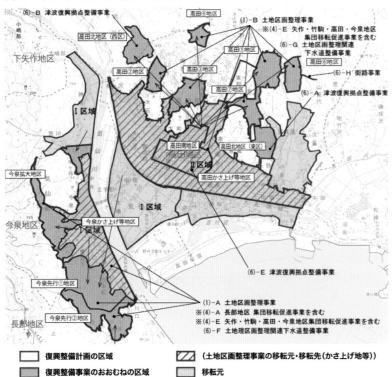

（陸前高田市復興整備計画）

高田地区の将来イメージ図

（陸前高田市震災復興計画）

高田松原地区震災復興祈念公園の機能配置（イメージ）

（高田松原地区震災復興祈念公園構想会議資料）

南三陸町志津川地区 ―高台と低地のメリハリある土地利用―

南三陸町志津川地区の低地部は、津波により大きな被害を受けた。一方、商工団地やベイサイドアリーナのある高台は被害を免れた。「南三陸町震災復興計画」（2011年12月策定・2012年3月改訂）は、住宅地の徹底的な高台移転と低地部の産業・商業・観光エリアへの刷新によって志津川地区の復興を目指す計画とされている。復興計画の土地利用イメージ図に、高台と低地のメリハリある土地利用が明快に示されている。高台では住宅地を中心とする新市街地の造成を進め、低地部ではかさ上げと区画整理、祈念公園の整備を展開する。

高台では、ベイサイドアリーナ周辺を拠点としながら、交通の便や小中学校の立地を勘案した新市街地が形成される。低地部も河川堤防の築造と併せて大きく風景を変える。地区の中央を流れる八幡川の左岸は、かさ上げされ、新たな道路が整備され、商業・観光・産業等の施設立地が進められる。右

岸一帯には、2020年10月に全面開園した南三陸町震災復興祈念公園の伸びやかなランドスケープが広がる。悲劇の物語で知られることとなった防災庁舎が、祈念公園のシンボル的な存在として、訪れる人たちに被災の痛ましさを伝えている。

また、南三陸町は、中心市街地のグランドデザインの作成を建築家の隈研吾氏に依頼し、2014年5月「南三陸町志津川地区グランドデザイン」が公表されている。復興計画で「商業・観光ゾーン」「産業ゾーン」とされたエリアの将来像をビジュアルに提示したもので、メディア的な注目と復興への期待を得ながら事業化を促進する役割を担ったのではないか。

中心市街地のゾーニング

（南三陸町志津川地区グランドデザイン）

復興まちづくりの断面イメージ

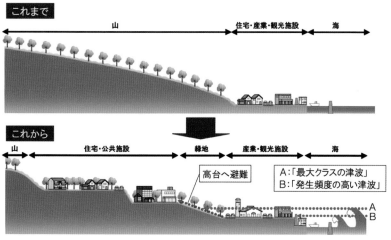

（南三陸町震災復興計画）

沿岸商業ゾーンのイメージ

（南三陸町志津川地区グランドデザイン）

志津川地区土地利用計画イメージ図

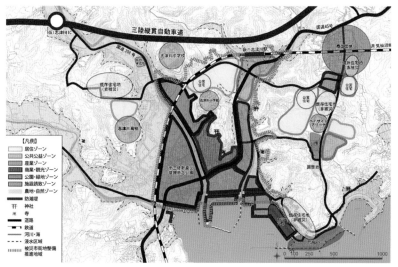

（南三陸町震災復興計画）

防災庁舎が残る南三陸町震災復興祈念公園

女川町 —海の見える復興と質の高い都市デザイン—

女川町の低地の市街地は津波で一掃された。その復興の柱を「まちから海が見えること」に据えた。防潮ラインとなる国道398号のかさ上げ高さについて、初期段階ではT.P.+14mやT.P.+10mといった水準の議論もあったが、湾口の津波防波堤を粘り強い構造で再建することなども考慮しながら、最終的にT.P.+5.4mの高さとし、その背後を盛土する復興計画を策定した（2011.09）。

防潮堤とかさ上げの高さについての検討経緯

時期	検討内容等	備考
平成23年6月	・津波に対する完全防御は不可能。減衰対策、避難が重要 ・道路を14m程度の高さとする実現性の検討	要事業費抑制
平成23年7月	・防災・減災の考え方（多重防御＋地盤かさ上げ＋避難） ・国道のかさ上げ　14m→TP+10m ・護岸部に防潮堤　TP+2m	14m→TP+10m
平成23年8月	・国道のかさ上げ　TP+8m程度か（県協議で） ・護岸部に防潮堤　TP+2m→TP+1.7mに	TP+10m→8m
平成23年10月	・国道のかさ上げ　TP+8m→TP+5.4m ・護岸部の防潮堤　TP+1.7m→なし ・湾口（津波）防波堤の再建（粘り強い構造に）	海岸保全施設
平成24年1月	・住民説明会開催（平成23年10月案を提示）	

（女川町復興記録誌）

住宅用途はL2津波高さ（T.P.+17-18m）以上の部分に限定、L1津波高さ（T.P.+4.4m）に対応したかさ上げエリアを商業地等の市街地とする。L1防潮ライン（国道398号）より海側はメモリアル公園や漁港施設とする。段階的なかさ上げ構造で市街地を再構成しながら、海が見えるまちとしての復興を実現している。

女川町の復興プロセスの特徴として「女川町復興まちづくりデザイン会議」を設置し（2013.09）、質の高い都市デザインを備えたまちづくりを実現したことが挙げられる。デザイン会議は、町長・役場職員・都市デザイン専門家・工事関係者・町民が一堂に会し意思決定を行うことで、駅から海へと向かうプロムナードをはじめとする質の高い空間による復興まちづくりを、スピード感を持ちながら実現する役割を果たした。女川町の復興まちづくりは、都市景観大賞都市空間部門国土交通大臣賞、アジア都市景観賞、グッドデザイン賞、土木学会デザイン賞など、多くの賞を受賞した。

女川町復興まちづくりの断面イメージ

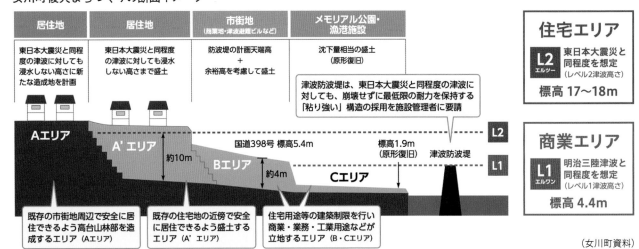

（女川町資料）

女川町中心部の復興イメージ

（女川町復興計画）

プロムナードのイメージ

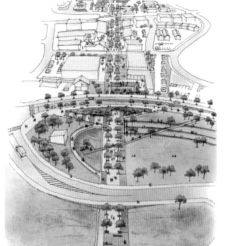

（女川町まちづくりデザインのあらまし第2版）

名取市閖上地区 ―歴史ある港町が選んだ現地での再建―

名取川の河口に寄り添うように形づくられた歴史ある港町の閖上は、局所的に見れば、最も被害の大きかった地区の一つだ。

閖上地区の復興をどう考えるか、いろいろな声が上がるなか、閖上はかさ上げと区画整理による現地再建を選んだ。仙台湾沿いの多くの被災地区が内陸移転を選択するなか、唯一と言ってもいい現地再建だ。

「名取市新たな未来会議」による提言（2011.08）をもとに策定された「名取市震災復興計画」（2011.10）で示された海沿いエリアの津波防災の基本的な考え方は、T.P.+7.2mの海岸防潮堤（第一次防御ライン）と5m程度のかさ上げ道路（第二次防御ライン）による2つの防御ラインの内側を可住地とするものだ。さらに盛土構造の仙台東部道路が事実上の第三次防御ラインとして機能する。第二次防御ラインの海側エリアは、住居は禁止し産業や観光に着目した土地利用を展開する。閖上地区は、かつてのまちのエリアを中心に一部（約32ha）を第二次防御ライン同等レベルにかさ上げすることにより、現地再建を可能とした。戸建住宅だけでなく集合住宅も取り込んだ市街地が形成されている。

さらに閖上では、かさ上げした地盤と名取川の緩傾斜護岸をうまく活用した「かわまちづくり」が展開されており、河川堤防の上に整備された「かわまちてらす閖上」（2019.04開業）は、閖上の新たなにぎわいの場・観光名所として注目を集めている。

閖上地区の津波防災イメージ（断面模式図）

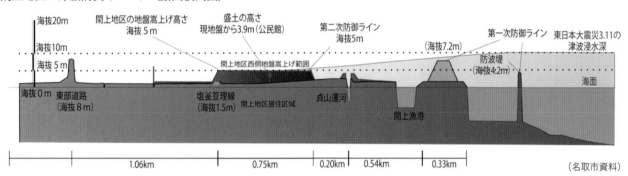

（名取市資料）

閖上地区土地区画整理事業対象エリアとかさ上げの範囲

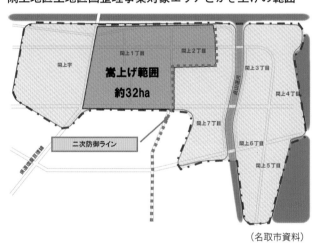

（名取市資料）

閖上地区土地利用計画図（土地区画整理事業対象エリア）

（名取市資料）

かさ上げした地盤につくられた新しい閖上の住宅地

名取川に面した交流の場「かわまちてらす閖上」

山元町 ―鉄道の内陸移転が牽引する新たなまちづくり―

　鉄道を含めて海岸沿いの多くを失った山元町は、復興の柱を内陸（丘陵地）移転と集約化に定めた。2011年8月に策定した「山元町震災復興基本方針」では、JR常磐線を大きく内陸に移転し、鉄道沿いに新市街地をコンパクトに集約する復興まちづくりイメージを示している。「山元町震災復興計画」（2011.12）では、新JR常磐線と国道6号を軸とした新市街地の形成を掲げ、「新山下駅周辺地区」「新坂元駅周辺地区」「医療・福祉地区」の3つの拠点地区を整備する方針を定めた。

　新しくできる山下駅と坂元駅の周辺では、駅直近に公共施設や商業施設、周りに公営住宅と防集団地を配置したコンパクトな市街地が整備されている。

　災害危険区域に設定された浸水エリアは産業用地に位置づけ、特に特産のいちご生産についてはいち早く復興事業を展開している。海岸沿いは防災緑地としての整備が進められる。

復興まちづくりのイメージ

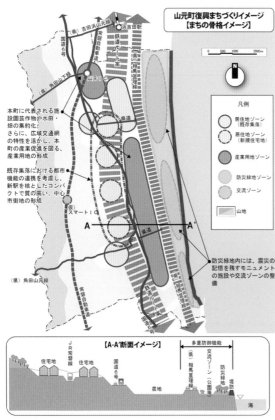

（山元町震災復興基本方針）

土地利用計画

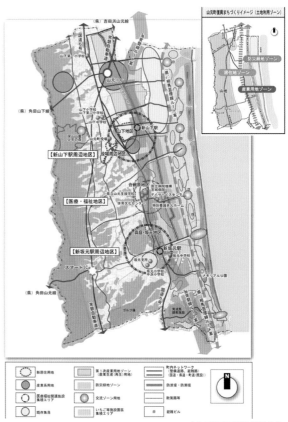

（山元町震災復興計画）

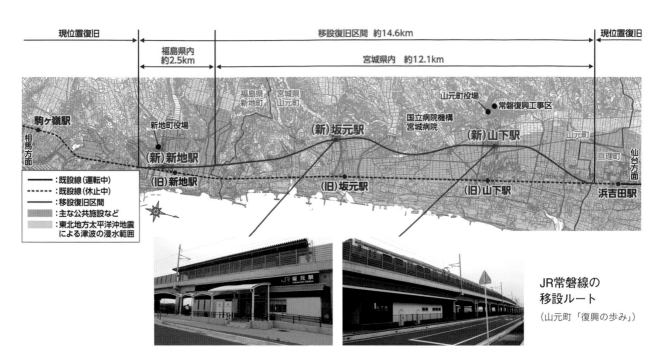

JR常磐線の移設ルート

（山元町「復興の歩み」）

■福島県原発被災エリアの復興

帰還困難区域と特定復興再生拠点区域

《福島第一原子力発電所事故の発生》

東日本大震災の津波により、福島第一原子力発電所で運転中の1号機～3号機の炉心冷却が不能となり、大量の放射性物質が環境中に放出されるシビアアクシデントに至った。国際原子力事象評価尺度（INES）で最も深刻な事故に相当するレベル7と評価された。

放出された放射性物質による汚染は東日本の広範囲に及んだ。とりわけ原発近傍の福島県の市町村の汚染被害は大きく、汚染の度合いに応じたさまざまな避難指示が長期的・継続的に発出されることとなった。また、事故を起こした第一原発の廃炉までは30年から40年を要するとされている。福島の復興まちづくりは、過去に類例のない困難さのなかで進められることとなった。

《避難区域の設定》

事故発生直後は、原発を中心とした半径距離に応じた緊急的な避難指示が出されていたが、徐々に汚染（年間積算放射線量）の推計に基づく段階的な基準による避難指示が出されていった。2011年4月22日には、原発から半径20kmの範囲が災害対策基本法に基づく警戒区域に設定され、民間人の強制退去・立入禁止の措置がされている。その他に計画的避難区域、緊急時避難準備区域が指定された。

2012年4月1日より、帰還困難区域、居住制限区域、避難指示解除準備区域の3区域に再編された。その後、除染の進展等により、少しずつ避難区域の指定が解除されていった。2022年8月末現在、原発から北西の方角に向けて指定されている帰宅困難区域が残っている状況である。避難指示は着実に解除されてきて、復興まちづくりに取り組める状況を迎えつつあるのだが、人口は思うようには戻っていないようである。

> 【帰還困難区域】
> ・年間積算線量が50mSvを超えて、5年後も20mSvを下回らない恐れのある区域
> ・放射線量が非常に高いレベルにあることから、長期にわたりバリケードなど物理的な防護措置を実施するとともに居住を制限する
>
> 【居住制限区域】
> ・年間積算線量が20mSvを超える恐れがある区域
> ・将来的に住民が帰還し、コミュニティを再建することを目指して、除染を計画的に実施するとともに、早期に復旧が不可欠な基盤施設の復旧を目指す
> ・住民の一時帰宅や道路復旧のための立ち入りが可能
>
> 【避難指示解除準備区域】
> ・年間積算線量が20mSv以下が確実と確認された区域
> ・復旧・復興のための支援策を迅速に実施し、住民が帰還できるための環境整備を目指す
> ・住民の一時帰宅や一部事業や営農が可能

避難指示区域　2011年4月22日時点

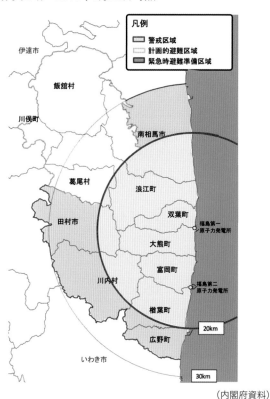

（内閣府資料）

避難指示区域　2013年8月8日時点

（内閣府資料）

《特定復興再生拠点区域制度》

　2017年5月、将来にわたり居住を制限する帰還困難区域内で、先行的に居住の再開を目指す特定復興再生拠点区域の制度が創設された。これは、市町村長が、特定復興再生拠点区域の設定と、同区域における環境整備（除染やインフラ等の整備）に関する計画を作成する。その計画を内閣総理大臣が認定し、具体的な復興再生に向けて計画を推進する仕組みである。

　これまでに双葉町、大熊町、浪江町、富岡町、飯舘村、葛尾村の6町村で特定復興再生拠点区域復興再生計画の申請・認定がなされている。2022年中に葛尾村・大熊町・双葉町の特定復興再生拠点区域の避難指示解除がなされている。

> 【特定復興再生拠点区域】
> ・帰還困難区域内に、避難指示を解除して居住可能と定めることができる区域
> ・各市町村が「特定復興再生拠点区域復興再生計画」を作成、内閣総理大臣の認定を受け、区域内の帰還環境整備に向けた除染・インフラ整備等を集中的に実施
> ・計画認定から5年を目途に整備が概ね終了した段階で避難指示を解除

特定復興再生拠点区域復興再生計画の策定状況

町村名	認定日	区域面積	計画期間	着工日	先行解除	拠点区域全域解除	
双葉町	2017年9月15日	約555ha	2022年8月末	2017年12月25日	双葉駅周辺の一部区域	2022年8月30日	済
大熊町	2017年11月10日	約860ha	2022年9月末	2018年3月9日	大野駅周辺の一部区域	2022年6月30日	済
浪江町	2017年12月22日	約661ha	2023年3月	2018年5月30日	早期に整備が完了した区域等から	2023年3月31日	済
富岡町	2018年3月9日	約390ha	2023年5月末	2018年7月6日	夜ノ森駅周辺の一部区域	2023年4月1日	済
飯舘村	2018年4月20日	約186ha	2023年5月末	2018年9月28日	村営住宅等は整備ができた箇所から	2023年5月1日	予定
葛尾村	2018年5月11日	約95ha	2022年9月末	2018年11月20日	──	2022年6月12日	済

（環境省除染情報サイトに加筆）

避難指示区域　2022年8月30日時点

　帰還困難区域
　特定復興再生拠点区域
　特定復興再生拠点区域のうち避難指示解除区域

（環境省除染情報サイト）

双葉町の特定復興再生拠点区域のイメージ

双葉駅西住宅の全体イメージ

（双葉町資料）

バスの車体にまちづくりイメージを掲出

福島イノベーション・コースト構想

　東日本大震災および福島第一原子力発電所の事故により浜通り地域の産業・雇用が大きく失われた。産業や雇用の回復を図りながら被災地の復興まちづくりを進める必要がある。「福島イノベーション・コースト構想」は、そのために組み立てられた国家プロジェクトだ。2017年の福島復興再生特別措置法の改正により法律に位置づけられた。イノベーション・コースト構想に基づいて6つの主要プロジェクトを推進し、浜通りを中心とする地域に各種研究開発・産業創出拠点を整備し、産業集積や新産業の創出を進め、復興に推進力を与えていく狙いである。

主要プロジェクト

1. 廃炉：国内外の叡智を結集した技術開発
2. ロボット・ドローン：福島ロボットテストフィールドを中核にロボット産業を集積
3. エネルギー・環境・リサイクル：先端的な再生可能エネルギー・リサイクル技術の確立へ
4. 農林水産業：ICTやロボット技術等を活用した農林水産業の再生
5. 医療関連：技術開発支援を通じ企業の販路を開拓
6. 航空宇宙："空飛ぶクルマ"の実証や関連企業を誘致

研究開発・産業創出拠点施設の分布

（福島県「東日本大震災・原子力災害10年の記録」）

福島水素エネルギー研究フィールド（FH2R）

東日本大震災・原子力災害伝承館

※ 拠点施設欄の丸数字と色は上の地図に呼応している

プロジェクト分野	拠点施設	立地
1 廃炉	① 楢葉遠隔技術開発センター	楢葉町
	② 廃炉国際共同研究センター	富岡町
	③ 大熊分析・研究センター	大熊町
2 ロボット・ドローン	① 福島ロボットテストフィールド	南相馬市・浪江町
3 エネルギー・環境・リサイクル	① 土湯温泉16号源泉バイナリー発電所	福島市
	② 産業技術総合研究所福島再生可能エネルギー研究所	郡山市
	③ 郡山布引高原風力発電所	郡山市
	④ グリーン発電会津木質バイオマス発電所	会津若松市
	⑤ 相馬LNG基地	新地町
	⑥ 福島水素エネルギー研究フィールド（FH2R）	浪江町
	⑦ 大熊町ふるさと再興メガソーラー	大熊町
	⑧ 浮体式洋上風力発電実証研究事業	福島県沖
	⑨ 石炭ガス化複合発電（IGCC）	いわき市・広野町
	⑩ 沿岸部・阿武隈地域共用送電線による再エネエリア	
4 農林水産業	① 水産資源研究所	相馬市
	② 浜地域農業再生研究センター	南相馬市
	③ 水産海洋研究センター	いわき市
	④ 先端技術等の導入による新しい農業の推進	
5 医療関連	① ふくしま国際医療科学センター	福島市
	② ふくしま医療機器開発支援センター	郡山市
6 航空宇宙	IHI相馬第一工場・第二工場	相馬市
● ICT関連	① 会津大学復興支援センター（先端ICTラボ）	会津若松市
● 情報発信	① 東日本大震災・原子力災害伝承館	双葉町

（福島県「東日本大震災・原子力災害10年の記録」）

■トピックス

RC造の津波への強さ

　2011年7月、東日本大震災の津波被災地を初めて回ると、海沿いの建物の多くがなくなってしまっていた。壊れた建物の解体・撤去が進捗していた時期なので、必ずしも津波が一掃していったわけではないだろうが、あらわになった建物のコンクリート基礎や寒々しい姿の鉄骨の骨組みがポツポツと続いていた。そのような荒涼とした風景のなかに、ときおりしっかりと残っている鉄筋コンクリート造の建物が目に入って

くる。もちろん窓ガラスは割れているし、インテリアや設備機器などは大きなダメージを受けている。だが、建物として以前と同じようにその場に残っている姿を回る先々でたびたび目にすると、津波常襲地域における鉄筋コンクリート造の有用性、津波への強さを改めて意識してまちづくりを考えるべきであるように思われてくる。

《重量コンクリートブロック造の家屋》

山田町大沢地区の重量コンクリートのブロック（RCB）造の店舗併用住宅。周辺に建っていた木造家屋はほとんど残っていない。2階の中ほどまで浸水したが、7月中旬に営業再開にこぎつけた。津波からは生き延びたのだが、かさ上げ工事の際に解体・移転。

大船渡市赤崎地区の重量RCB造の住宅。2階の天井近くまで浸水したが、持ちこたえた。震災遺構に類する形で現在も残る。

《海に直面して建つRC造のホテル》

田野畑村羅賀地区の小さな港に面して建つ村営の宿泊施設・羅賀荘。3階〜4階まで津波の被害を受けたが上階は無事。低層階の改修を行い、2012年11月には営業を再開している。

陸前高田市の広田湾に面して建つキャピタルホテル1000。3階までは大きく被災したが、4階以上のフロアは無事だった。現在は解体済み。ホテルは移転し再開。

《RC造の公営集合住宅》

山田町山田地区の4階建て町営集合住宅。3階まで浸水したが、改修して災害公営住宅として再生。

陸前高田市高田地区の5階建て集合住宅。5階まで浸水したが倒壊は免れた。震災遺構として海側の1棟を保存、他は解体。

南三陸町志津川地区の海岸に建つ4階建て集合住宅。津波は屋上に到達したが建物は流されず、屋上の避難者も無事。2012年に解体。

震災の伝承

津波常襲地帯である三陸地方では、津波の恐ろしさをさまざまな方法で後世に伝えてきた。明治三陸地震（1896年）、昭和三陸地震（1933年）、チリ地震（1960年）などの津波被災の教訓を今日に伝えようとする石碑や銘板をいくつも見かけたのだった。

東日本大震災でも、同様の記念碑が多く建立されている。新設された震災伝承施設も多いが、被災した建物や構造物などを震災遺構として保存・活用する動きも盛んだ。津波の脅威を地理的特徴と捉えてジオパークのコンテンツの1つに位置づけている例なども見られる。震災の伝承は、学習や教訓にとどまらず、ツーリズムの観点からも興味深いテーマになっている。

《記念碑》

東北お遍路巡礼地（普代村）

津波到達の地（釜石市）

千年後の命を守るために（女川町）

《被災状況の保存展示》

破壊された明戸海岸防潮堤（田野畑村）

津波で転倒した交番（女川町）

流された住宅の基礎（仙台市）

《被災建物を活用した伝承施設》

たろう観光ホテル（宮古市）

荒浜小学校（仙台市）

請戸小学校（浪江町）

《まちの記憶》

被災時に傾いたままの時計（野田村）

残ったポプラの周りを公園に（大船渡市）

商店街のすずらん灯を移設（名取市）

海沿いの災害危険区域と公園整備

　津波被災地の復興の基本的なパターンは、防潮堤を以前よりも高く堅固なものにし、丘陵地などの高台や内陸寄りの土地に市街地を整備する形である。将来の津波被災を回避するためだが、このことは、浸水被害を受けた海沿いの土地利用を大きく制限することでもある。海沿いの浸水区域に災害危険区域（移転促進区域）を指定し、建物の建設を認めない、あるいは立地可能な用途を制限する。結果として、海沿いの非常に広範なエリアが防災緑地や防災公園という形で整備されることとなった。

　実際に見て回ると、空間的にも機能的にも魅力的に仕立てられた公園・緑地が少なくないが、人口減少が加速化する三陸地方で、これらの公園や緑地がどのように使われていくのだろうか、適切にメンテナンスされ続けるだろうか、海とまちをつなぐ役割を持てるだろうかなど、気がかりな点も残る。

《海岸沿いに長く広がる公園》

野田村の十府ヶ浦公園。防潮堤・かさ上げ道路に続く3番目の堤防の役割も持つ。環境保全広場、多目的活動広場、海岸活動広場など天然芝敷きのオープンスペースが連なる。管理が重荷かもしれない。樹木はしっかりと根づかなかったように見えた。

岩沼市の千年希望の丘。6つの公園をネットワークする形で海岸沿い約10kmにわたる緑地帯を形成している。エスケープヒル（避難用の丘）を適宜配置することで滞在時の津波襲来に備えている。

《国営追悼・祈念施設を備えた復興祈念公園》

　多くの被災自治体が震災復興祈念公園の整備を震災復興計画に位置づけており、国営公園として整備を望む声も多かった。国は、震災復興公園は自治体が整備すべきとした上で、東日本大震災からの復興の象徴となる国営追悼・祈念施設を以下の3公園に設置することとした。

- ●岩手県：高田松原津波復興祈念公園（陸前高田市）
- ●宮城県：石巻南浜津波復興祈念公園（石巻市）
- ●福島県：福島県復興祈念公園（双葉町・浪江町）

　高田松原津波復興祈念公園と石巻南浜津波復興祈念公園は開園を迎えている。福島県復興祈念公園は整備中である（見晴台を一部暫定供用中）。いずれも壮大なスケールの公園である。

高田松原津波復興祈念公園。東日本大震災津波伝承館、追悼の広場、古川沼、高田松原、震災遺構、運動公園などで構成される。

石巻南浜津波復興祈念公園。みやぎ東日本大震災津波伝承館を中心に追悼広場をはじめ大小の広場、池、湿地、植栽地などが広がる。

福島県復興祈念公園に隣接する東日本大震災・原子力災害伝承館から公園区域を遠望する。前田川を挟んで双葉町・浪江町にまたがる。

応急仮設住宅・仮設商店街

　東日本大震災でも過去の震災と同様にいわゆるプレハブの仮設住宅が大量に投入された。プレハブが規則正しく並ぶ仮設住宅団地がほとんどだったが、個性的な仮設住宅の例も見ることができた。民間賃貸住宅を活用した「応急借上げ住宅」も多く活用されたようだ。

　東日本大震災の場合、本設の住宅の供給には、高台造成や被災地のかさ上げ区画整理など大掛かりな土木工事を必要としたこともあり、過去の震災と比べても長期にわたり仮設住宅での生活を余儀なくされた被災者が多くなった。居住期間の長期化や快適な居住環境の確保等の観点から、仮設商店街等も含めた「仮設市街地」の視点が必要との感を強くした。

《特徴的な仮設住宅》

釜石市平田運動公園に整備されたコミュニティ型仮設住宅棟。プレハブを向かい合わせに配置し通路に屋根をかけた。

陸前高田市のオートキャンプ場に、住田町が開発した木造仮設住宅を設置。集落地のような居住環境を実現した。

女川市のコンテナを3層に積んだ仮設住宅（設計：坂茂）。前例のない試みだが、「応急仮設」の名にはふさわしかった。

《仮設商店街》

南三陸町「南三陸さんさん商店街」。フードコートやイベントスペースを備えた明るい雰囲気。メディアにも多く登場。

女川市の仮設商店街「きぼうのかね商店街」。木造の店舗・飲食店が路地状の通路を介して並び、好ましい雰囲気を醸す。

《みんなの家》

釜石市平田運動公園仮設住宅団地に併設された「平田みんなの家」（設計：山本理顕）。交流の場として有効に活用されていた。

《応急仮設住宅の推移》

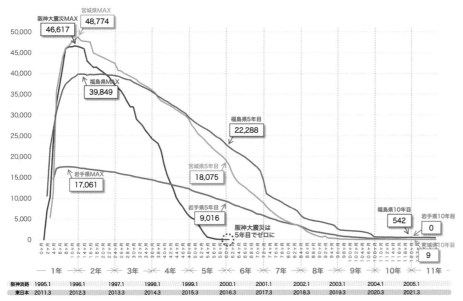

　大都市型の震災だった阪神淡路大震災の場合、仮設住宅は5年でその役目を完全に終えた。一方、東日本大震災は、人口密度の低いエリアを広範に襲った津波災害で、住宅建設適地の確保も容易ではなかった。結果として、5年の時点でピーク時の4割～5割の仮設住宅が稼働しており、仮設住宅が完全に不要となるまでに10年を要している。

データ出典：
●東日本大震災：岩手県・宮城県・福島県各県公表の応急仮設住宅の入居状況等に関する各年データより作成
●阪神淡路大震災：兵庫県「阪神・淡路大震災に係る応急仮設住宅の記録」（2000年）より作成

東日本大震災から東京は何を学んだか

東日本大震災から東京は何を学んだか

都市計画家　伊藤　滋

　2011年3月11日に東日本大震災が発災してもう12年になる。私は発災の年の夏から10年間にわたり毎年、東北各県の被災地の状況とその復興の様子を見続けてきた。死者15,900名、行方不明者2,523名の未曾有の大震災から私たちは何を学び、いつ起こるかわからない大震災にどう備えるべきか。とりわけより甚大な被害が予想されている東京などの巨大都市は、今からどのような対策を立てておくべきか。そのことを中心に、ハードとソフトの2つの観点から、私の考えを述べてみたいと思う。

I．物的施設による防災能力の向上

　注目すべきことは、東日本大震災が大都市ではなく地方で発災したことである。東京は世界に冠たる巨大都市である。よって、地方で起きた災害が東京で起こり得る大地震の教訓にすぐになるかというと、そうはならない。東京は巨大都市であるから、全てが教訓になることはあり得ない。教訓になることを探してゆく必要がある。

　1番目は、東京湾の地形的条件が東日本大震災の被災地のそれとは違うことである。東京湾は房総半島と三浦半島に挟まれた浦賀水道を湾口とする、南に向けて大きくくびれた湾である。東日本大震災の地域にも東京湾に似た地形をもつ小さな湾がいくつかあるが、こうした湾では巨大な被害が発生することはなかった。東京湾は外洋から津波が押し寄せたとしても、湾形がくびれているために、流入する海水は10のうちせいぜい2から3ぐらいであろう。一方、大震災のときに津波で大きな被害を出した湾は、湾口から奥にゆくにしたがってそれが狭くなっている場合である。その場合は、津波の高さが15mとか20mにまで大きくなった。したがって、東京湾の東北大震災から読み取れる教訓は、逆説的な教訓として、万が一東日本大震災クラスの津波が起きたとしても、東京湾は安全であるということである。

　津波防災に関連してもう一つ、防波堤の問題がある。防波堤は津波や高潮などの影響を少なくするため、鉄筋コンクリート製のブロックを並べて海底に設置する方法がある。釜石市や大船渡市には防波堤が設置されていた。これはまだあまり話題になっていないが、この防波堤が津波被害を減災させたのではないかと言われている。釜石市ではこの世界に誇る防波堤が、津波の高さを数メートル押し下げたのではないかと言われていて、もし設置されていなかったら、釜石の被害は倍以上になったであろうというものである。この防波堤の議論を、もっと詰めて早急にするべきである。東京湾の海底地形を調べたうえで、例えば富津沖か浦賀沖あたりに防波堤をきちんと設置しておけば、東京は津波のことをそれほど心配する必要がなくなると思う。したがって、今後は国土交通省など関係省庁が集まって真剣に検討する必要があるであろう。

　2番目は、地震の津波で湾の内陸部で、火災が起きることを真剣に考えておかなければならないことである。東日本大震災の例では、気仙沼市に津波が押し寄せて、湾口で重油タンクを破壊し、その油が湾内に流れ込んだ。それに火がついて、火の塊が気仙沼湾の一番奥まで流れ込み、湾岸沿いの木造住宅地に火をつけて大規模な都市火災を引き起こした。流れ込んだ重油そのものは発火性の低い燃料として知られている。ところが、そこに津波で流された家屋などの木材の瓦礫が可燃物として加わり、さらに強風が多量の酸素を供給したことで、巨大な火の塊が海上を駆け足で移動し、陸上の木造住宅群にまで燃え広がったと言われている。このような津波が引き起こす住宅地の大火災は、東京湾の津波でも考えておかなければならない。

　津波が引き起こす大火災が東京湾のどこで起こるかといえば、東日本大震災とは違い、おそらく一番くびれている浦賀沖や富津沖で起こることになるであろう。特に、千葉県側にある石油精製工場をはじめとする工場群の石油系タンクに引火することが考えられる。東京湾の一番奥にある東京都心の住宅地よりも、千葉県湾岸部の工場地帯で大火災を引き起こす可能性がある。実際に、東日本大震災の際に、千葉県でそうした火災の事例が起こっている。海面で火災が起き類焼することは想像しにくいものであるが、そうした思いがけない津波被害もあらかじめ想定しておくべきである。

　この問題にはもう一つの課題がある。土木学者が調査しているが、こうした工業地帯の多くは埋立地である。埋立地というのは堤防もあまりしっかりと造られていないし、その堤防の法面が急であると地震や津波で堤防が壊れ、埋立地の土石が流出する恐れが指摘されている。また、そうした堤防の埋立地には、石油やガスのパイプラインが埋設されているので、これらが破損して火災を発生させる恐れもある。したがって、東京では津波によって多くの木造市街地で火災が発生する可能性は低いと思うが、工場地帯では大きな火災が起きる可能性がある。都市防災の観点からは、工場地帯での被害などのように最小限に抑えることができるかを考えておくべきであろう。

　3番目に、建築物について言えば、鉄筋コンクリートの評価を最大限にしなければならない。建物を鉄筋コンクリート

造にしておけば、多くの火災は防げる。鉄筋コンクリート造は地震災害にとっては最大の武器である。その武器を使ってどのように東京の津波と地震に対して効率のよい街をつくるかを考えなければならない。もちろん全ての街を鉄筋コンクリート造にする必要はない。津波の被害が起こる地域を見極めて、そこに重点的に鉄筋コンクリート造を導入する。あとの地域は木造でもよいかもしれない。最近、耐震性や耐火性に優れた木造住宅が首都圏に普及してきているので、東日本大震災の被災地よりも津波や地震に対する抵抗力は首都圏のほうが高い。こうした木造住宅の技術的進歩をさらに進めて、どのように大震災に対して戦うかを考えておくべきである。

実際に大地震はいつくるかわからない。東日本大震災後の2、3年は、ジャーナリズムは地震がすぐくるから次に備えよと連日のように書き立てた。しかし、10年経つとそうした記事は見かけなくなった。大地震や津波は来年くるかもしれないし、20年先にくるかもしれない。この場合、来年よりも20年先にくるほうが、災害に対する抵抗性が大きくなる。一番わかりやすい対策は、鉄筋コンクリート造の建物が増えることである。そうすれば都市火災は防げる。海中にも鉄筋コンクリート製の防波堤を基礎からしっかりと打って、浦賀沖や富津沖に整備すれば津波の被害を防ぐことができる。

そのためには、30年先、50年先の災害にどう備えるかをきちんと住民に知らせる必要がある。そうしておけば、住民は従来の津波災害とは違う対策を東京湾で行うことを、十分に理解することができる。その最も効果的な手段は鉄筋コンクリート造以外には考えられない。土木でも建築でも、鉄筋コンクリート造が地震・津波に対する一番有効な手段になる。それを考えてゆかなければならない。

もう一つ、住宅に関しては、30年後、50年後の地震・津波防災には、東日本大震災時、あるいは今よりも大きなマイナスの要素が加わってくる高齢社会のさらなる広がりである。今以上の高齢社会になると、地震や津波の災害は、身体の衰えで避難しにくい高齢者に直接に襲いかかってくる。加齢で足が衰えると、3cmの踏段でさえも転んでしまう恐れが大いにある。高齢者は足が悪いから健常者のように逃げることができない。衰えた身体能力のなかで、高齢者はどのように生き延びたらよいのか。それを真剣に考える必要がある。

高知県では津波避難者シェルターを整備している事例がある。だが、東京でも適用できるかというとそう容易ではない。地方であれば用地確保は容易にできるが、東京の場合は市街地が密集していて用地の確保はなかなか難しい。人口の密度から考えても、東京では多くの箇所に設置する必要がある。そ

のために多くの予算を確保することはなかなか難しい。したがって、東京では高齢者が自宅のなかで命を守る方法を考えるべきであろう。以下は高齢者の命を守るための住宅に関する私の提案である。

まず、鉄筋コンクリート造とエレベーターの重要性を指摘したい。東京湾の湾岸部では、高齢者の住む住宅は鉄筋コンクリート造の3階建てにする。面積に関係なく、東日本大震災での津波被害は13、14mの4階建ての高さまでであった。4階だと助かる場合と助からない場合があるが、5階以上であれば確実に助かることができた。しかし、前述したように東京湾の場合は、津波の高さは東日本大震災のようにはならない。2、3階が津波の高さの限界になるであろう。

そうであれば、高齢者は自宅に居て、3階まで上がれる個人用のエレベーターがあるとよい。多少足が不自由でも、高齢者がボタンを押せば素早く3階まで上がれる。津波の人的被害を防ぐことができる。個人用の3階まで上れるエレベーターを年間10万機程度製造して個々の住宅に設置すれば、高齢者の避難対策は完了する。住宅を建てるときにはエレベーターを必ず設置するようにする。そうすることで、高齢者の避難を助けることができる。

敷地が海水面から8m〜10m以上の住宅地については、津波はすぐに襲ってこないだろうから、住宅は乾式木造で建ててもよい。最近は木造の構造が地震に強くなったので津波が襲ってきても命は助かると思う。津波の襲来限界を水面から何メートルかを決めて、そこから上にはしっかりとした地面をつくる。その土地は保育所や老人ホーム、コンビニ商店、学校などにする。この対策をとっておけば、東京の下町を地震が襲ったとしても、東日本大震災のような人的な被害は起こらないであろう。

建築技術の進歩で、木造でも燃えない住宅がこれからはいくらでも増える。したがって、地震火災で消失する住宅の数は、現在の推定値よりも将来は少なくなるであろう。東京都の不燃化率（不燃領域率）は、鉄筋コンクリート造の共同住宅の普及や、戸建住宅の防火建築材の普及によって、年々向上している。この状況が100年経てば、東京の市街地は全く燃えなくなるし、倒壊しなくなる。そうなれば、大地震がこようが津波がこようが、東京はその影響を受けない強靭な都市になる。一方、地方の中小都市は高齢化が進み、地震や火災に対して脆弱さを増す。大都市のほうが大災害に強く、地方の中小都市のほうが弱いという都市構造になるかもしれない。

大地震では異常な出水災害への備えも、東京の安全には欠

かせない。建物の地震に対する耐震性のほかに耐水性という、2つの観点を考えておくべきであろう。満潮時には高潮の恐れのある低地では、小さい規模でも鉄筋コンクリート造の住宅や商業店舗、倉庫をつくるのが常識になるであろう。鉄筋コンクリート造は自重で倒れにくいからである。もう一つは、できれば4階建てにしておけば、3階まで浸水しても生命を守ることができる。こうした鉄筋コンクリート造で4階建ての建物を、規模の大小を問わず商業地域にたくさん配置することで、多くの人が逃げ込むこともできる。

もう一つ重要な課題は、大震災が発生したときに地方の中小都市では、建物内に多くの高齢者がいて、手助けする若者がいないことである。こうした都市では若者は大都市に移り住み、高齢化が急速に進んでいる。したがって、人間の地震に対する抵抗力は、東京が一番強く、地方はますます弱くなるであろう。そうした地域では、高齢者を対象に、昔ながらの工法で耐震性の弱い住宅が供給されている例が見受けられる。地震に対する人的な抵抗力が弱い地域に、弱い建物を普及させていては、都市は決して強くならない。

こうした地方での不安材料をなくすために、建築の構造材については、耐震性・耐火性に優れた材料を供給する法律や仕組みが整備されるようになってきた。資金が少なく古い建築様式にこだわっている地方の中小都市の市街地の地震火災は危険度を増すが、東京のように若い人口が多く、耐震性の強い構造材が大量に供給できる大都市のほうが地震や火災に対する抵抗力が強くなる。東京は15歳から64歳までの生産年齢人口がたくさん集まっている。こうした活力のある人たちに徹底した防災教育を行うことも重要である。防災教育は長く続けるほど世の中に浸透してゆき、実際の効果が期待できるであろう。

II. 東京中心部からの避難について

巨大都市・東京は、東日本大震災から何を学ぶべきだろうか。東日本大震災の津波で被災した三陸海岸の地域は、地形が険しく、生産性もさほど高くないが素朴さがある。それが魅力的な観光資源となり多くの来訪者を集めてきた。その三陸海岸地域の被災の経験から、世界でも類を見ないほど活気に満ち多くの人々で混雑している東京は何を学べるのか。三陸海岸の地形や都市空間の状況を、東京に単純に当てはめても意味がない。そこで私は、日本を覆う高齢社会の課題を踏まえながら、大震災時の東京でのさまざまな避難方法について考えてみたいと思う。

まず、自宅にいてすぐには避難できない高齢者の避難対策を考えたい。中心市街地に商店街のあるまちでは、水面上昇で住宅が浸水する恐れのある住宅に高齢者がたくさん住んでいる。そういう高齢者たちを、津波や浸水が届かない3階以上に素早く誘導する必要がある。全ての住宅にエレベーターをつけるのが理想だが、すぐにはそうはゆかないので、避難用の防災建築物（救命ビルディング）を、市街地のなかの要所要所に配置しておくのがよい。この防災建築物は、エレベーターまでの車椅子用のスロープを備え、安全な階まで10分以内で辿り着けるようにする。そうすれば、低地に住む高齢者の人命を救うことができる。

これからは東京でも住宅地の高齢者が確実に増える。そうした住宅地に住む高齢者をまとめて助けることはなかなか難しい。車椅子を使う高齢者を助けるためには、手助けに2、3人必要になるから、住宅地の高齢者避難は大きな課題として残る。あらかじめ高齢者を安全な高台で地震に強い老人ホームのようなところに移住させればよいという考えもあるが、介護する若者が少なくなれば成り立たない。家族に若い人がいたとしても、日中は働きに出ているから、震災時に必ずしも自宅にいるとは限らないし、車椅子の高齢者を助けるには1人や2人の助力では足りないだろう。今後ますます増える、住宅地に住む自身で避難することが困難な高齢者を、地震や津波が起きたときにどのように助けるのかという大きな課題が残されている。

災害時に高齢者を避難所まで連れてゆく案として、高齢者が普段どこに住んでいるかという情報を、若い人がいる区役所や出張所、警察の派出所、消防署、郵便局などが共有しておき、そこに勤務する若い人たちが高齢者を助けにゆく方法が考えられる。地方ならこうしたシステムは普段から比較的機能しているが、隣に誰が住んでいるかもわからない東京では、すぐに当てはめることはできない。

今後間違いなく増える体の不自由な高齢者を少ない若者でどう助けられるかという課題もある。2020年7月に熊本で大雨による川の氾濫で、特別養護老人ホームにいた14名の高齢者が亡くなられた。この事故は浸水の危険性が高い地域に施設を建てたことが大きな要因として指摘されている。東京の市街地でもこうした地域に建つ高齢者施設は少なくない。東日本大震災から学べることの中で高齢者をどれだけ生存させるかを考えると、高齢者施設を思い切って高台に上げてしまうことがある。そうしておけば、津波が発生したとしても救助を担う若い人たちに時間的な余裕が生まれる。

高齢社会のなかで、歩行もままならぬ高齢者の地震災害に

対する犠牲を少なくする方法を考えると、若者が少ない地方では人による救助は期待できなくなる。したがって、住宅や高齢者施設の設置場所や建物の耐震性などはハードで対策を立てておく。一方、東京では低地が多く高台移転用の敷地確保は難しい。縁もゆかりもない付近の企業の若い人たちの救助は期待できない。東京ではどうするかを考えておかなければならない。

次に、都心で働く人たちの避難についてである。東日本大震災のとき、東京では帰宅困難の問題が随所で発生した。現在検討されている避難方法は、地震発生後、最終的には自分の家まで戻ることを前提にしている。そうすると、荒川や隅田川などの橋梁で混雑が起き、避難時の危険性という新たな問題が出てくる。それに帰宅しても、自宅が倒壊していたり、水道や電気・ガスの供給が正常に行われているとは限らない。勤務先やホテル等であれば耐震性は問題ないし、水や食料も確保することは容易であろう。それならば、いっそのこと帰宅しないほうがずっと安全である。勤務先や宿泊しているホテルなどにとどまるほうがはるかによい。

こうした考えをもとに近年、東京では大地震の際に、無理をしてでも自宅にいる妻子を助けにゆくことはやめようという意見が多くなってきている。私はこの意見に賛成である。最近、郊外に建てられている戸建住宅は、乾式工法と耐震金具で耐震性に優れている。地震で完全倒壊することはほとんどなくなった。さらに、携帯があるから家族の安否も確認しやすくなった。勤務先から家族の元へ駆けつけるのは美談かもしれないが、帰路で交通事故や群衆に巻き込まれてけがをする可能性のほうが高い。震災時は帰宅せずに東京に残る。そういう選択肢が、東京での災害時には適しているということになる。

そうなると、東京のどこでどのように避難するかが課題になってくる。寝る場所や食事など、東京に居残り避難する人たちの"生活の安全"をどのように保障するかである。東京都心であればまず命の安全は保障されているから、20代から40代までの若手のビジネスパーソンは、2日、3日ぐらい食事ができなくても命に関わるようなことにはならない。東京の災害時避難で大事なのは、生活の安全を保障することである。

そのための一番の方法は、企業の枠を越えて、市街地で働く人たちが一時的に滞在できるように、飲料水や食料、仮眠施設を整備することである。大地震で交通手段が途絶え帰宅が困難になれば、規模の大小を問わず企業は自然に協力するようになるだろう。付き合いのない企業間であっても、災害が発生すれば企業は率先して協力し問題解決に当たるように

なる。企業の会議室や倉庫などが、東京にとどまる企業人たちの滞在場所になる。

実際に、大丸有エリアの三菱地所、日本橋エリアの三井不動産、新橋・虎ノ門エリアの森ビルなどは、こうした災害時の企業連携に取り組んでいる。大企業のなかでも不動産デベロッパー、ゼネコン、保険会社などが主導する形で、企業間協力が生まれている。そうした災害避難場所を、東京都心部の大手企業は自社の社員だけでなく、まちを訪れている一時来訪者や外国人観光客が容易に逃げ込めて寝ることができる場所として、それぞれの事務所ビルや倉庫などの安全性や快適性の質を高める努力をすべきであろう。観光客の避難場所としては、商店会連合会や住宅地の地域コミュニティの活動が期待できる。

また、東京都心では大火災は発生しないという前提で地震災害を考える必要がある。例えば、丸の内のオフィス街であれば、三菱地所そしてその他の不動産会社所有ビルと大企業所有のオフィスビルを逃げ込む対象建築物とすれば、10万人程度の外部からの避難者は面倒を見られるであろう。三菱地所や三井不動産、森ビルなどがタッグを組めば、広大な外堀通りの内側が優れた避難地域になるであろう。そこに水、食料、衣料、寝具などを用意しておいて、そこで避難者が1カ月程度は暮らせるようにしておく。

外堀通りの内側から始まって、徐々に範囲を広げてゆき最終的には山手線の内側に300万人規模の避難地域を整備すれば、東京は世界に誇る地震火災や津波に強い都市になる。避難生活で必要な水は、洪水を防ぐために幹線道の下に設置された巨大貯水槽（放水路）を利用すればよい。もとは都市洪水を回避するために整備した巨大施設を、地震・津波災害時には避難用の利用水として活かす。これまでに高い技術力を誇る不動産デベロッパーが、都市防災に取り組んできた数多くの再開発事業によって、大地震に対する抵抗力は地方よりも東京の中心部のほうがはるかに強くなってきている。

東京は巨大地震に打ち勝つことができると私は思っている。「東京を安心して暮らせるまちにする」。それが東京の再開発の根源であり、そのための再開発を私たちは皆で考えることが大切なのである。そのためにもこれまで巨大都市東京の発展と強靱化に尽力してきた不動産デベロッパーやゼネコンの役割はより重要である。

おわりに

2021年3月11日、東日本大震災が発生してから10年が経った。2011年7月に始めた私たちの縦断視察旅行も、震災10年を節目としてひと区切りにしようと決めた。折悪しく、2019年末から世界に広がった新型コロナウイルスのパンデミックがまだ猛威を振るっていた。コロナ禍は、私たちのささやかな視察旅行にも大きな影響をもたらしていた。2020年の視察は中止を余儀なくされたし、2021年もなかなか日程を確定することができずにいた。しかし震災からちょうど10年となる2021年は、なんとしても10回目の視察を実行したい。その機会をうかがっていた。例年、夏に行くことの多かった視察だが、10月になんとか日程をセットすることができた。この形での私たちの視察旅行は最後になる。いつもどおりの駆け足旅行に変わりはないのだが、それでもできるだけ丁寧にこれまで訪ねた土地を回ろうと心がけていたように思う。10回目にして初めての土地に立ち寄ったりもした。

私たちの視察旅行は、限られた時間と予備知識のなかで、とにかくできるだけ多くの土地の被災と復興の様子を実見すること、そしてその経年変化を追い続けることを目的としていた。2011年に立ち寄ったところには翌年も立ち寄ってみる。これが旅行の基本形となった。年によってはスキップしたり、新たな場所を追加してみたりしながら、初年に辿った道のりを繰り返し訪ねてみる。こうして10回の訪問を重ねてきた。

慌ただしいスケジュールのなかで、年ごとに、また場所ごとに、訪れるたびに新たな感興を覚える旅だった。年を追うごとに、被災地の空間は変わっていった。視界に入ってくるのはひたすらに工事現場だった。マンション建設のような足場が向こうに見える。多くの場合、それは防潮堤の建設現場だった。市街地の盛土、高台の造成など、膨大な量の土が視界のいたるところに現れていた。盛土工事の範囲を避けながら暫定的な道路が整備される。盛土工事の進展に合わせて道路も移動する。いつしか、エリア全体が盛土され、全く新しい道路と宅地が広がっている。街全体が右に左に揺すられながら、いつしか最終形に辿り着く。被災と復興事業により空間が変化してゆき、それに呼応して感情が揺れ動く。そんな旅となった。その過程では、目をみはることもあれば、焦れるような思いに駆られることもあった。本書がその一端を伝えられていることを願っている。

私たちの視察の関心の中心は、被災市街地がどのような生活空間として再生されてゆくかという点にあった。現地で復興に取り組む行政やUR都市機構の職員らと簡単な意見交換を行う場面などもあったが、被災地でこれからも暮らす人たちの生の声を聞く機会をほとんど持てなかったことは少し残念に思っている。しかし一方で、そのような声は、その場所に深く入り込んでこそ聞けるものだとも思う。年に1回、風のように抜けていく私たちにそういう声を聞き取る機会がないのは、必然なのかもしれない。風に徹することで見えてくるもの、感じられるものをとどめておきたい。それが本書を編む動機の一つであった。

東日本大震災から12年が経った。被災地と被災者が新たな希望を胸に、新しいビジネスに挑戦したり、国内外から訪れる人たちとの交流を楽しんだりしながら、復興を越えたその先へと歩んでいくことを願ってやまない。私たちもまた東北を訪ねに行こうと思う。願わくはもっとゆっくりと東北を味わう旅人として。

***

私たちの視察旅行が、1年目からそれなりに順調に滑り出すことができたのは、三菱地所株式会社で都市づくりに携わっていた三武庸男さんの尽力によるところが大きかったと思う。私たちの間で東北縦断視察旅行の企画が浮上すると、三武さんは直ちに国土交通省にコンタクトを取り、現在、どのルートが通行可能か、どこをどんなふうに迂回しなければいけないか、宿泊施設はどこにあるか、見てくるべき地区はどこかなど、さまざまな情報を聞き出してまとめてくれた。地盤沈下した道路が満潮時に冠水してしまい車が通れなくなる場所があるという情報を得て、視察日の干満の情報を調べたりもしていた。いつ大きな余震が起きてもおかしくない状況なので、移動中はとにかくカーラジオでNHKラジオ第1をかけ続けておくようにとの助言を得たというので、われわれの道中では常にNHKのラジオが小さく鳴っていた。もっとも、移動の車内では、三武さんがよく響く声でしょっちゅう冗談を飛ばしていたので、小さく鳴り続けるラジオの声はあまり聞こえていなかった。翌2012年も、三武さんの周到な準備が私たちの視察を大いに助けてくれたし、道中に笑いをもたらすハプニングやエピソードにも事欠かなかった。三武さんは、視察に大きな果実をもたらしてくれる頼れるキーパーソンとして視察グループの真ん中にいてくれたし、今後もいてくれるだろうと思っていた。しかし、年が明けた2013年の1月、三武さんは急逝されてしまった。あまりに突然の別れで、われわれはただ呆然とするしかなかった。2013年の秋にも私たち

は視察旅行を実施した。もちろん三武さんの姿はない。移動の車中もかつてなく静かだった。それでも私たちは三武さんとともに旅をしていると感じていたし、折に触れて三武さんのエピソードを話題に上げては笑いあったりしていた。三武さんの豪快な笑い声も聞こえるようだった。いま、あの視察旅行を10年間やりきって、このような本として世に出せることになったということを三武さんにお伝えし、あらためて感謝と哀悼の意を捧げたい。

　もうひとり、10年間の視察の充実に欠くことのできない存在として、石塚昌志さんにも感謝の意を表したいと思う。私たちが視察を開始した当初、石塚さんは、復興庁で主に宮城県の復興を支える立場にいた。石塚さんは、多忙のなか時間をつくり、私たちが宮城県に入る辺りから合流して、復興状況の解説、見るべき現場の案内、おすすめの宿泊施設の紹介など、多岐にわたり視察を支えてくれた。石塚さんの勧めで、少し早起きをして気仙沼漁港の水揚げ風景を見に行ったことなどもあった。被災地視察というドライな枠組みに、被災に立ち向かいながらいまを生きる人たちの活力を感じさせてくれる機会を織り交ぜてくれていたように思う。石塚さんは、2014年4月からは名取市の副市長として、被災自治体の復興そのものを牽引する立場になった。今度は、閖上を中心とする名取市の復興状況について、詳しい資料を用意して自ら現場を案内してくれた。石塚さんのガイドなくしては知り得なかったような復興事業の工夫や苦労を知ることができた。心より感謝したい。

　その他にも、ひとりひとりの名前を挙げきることはできないが、現地で復興事業の内容や進捗等について、自治体やUR都市機構、ゼネコンの方々から丁寧な解説や案内を受けたことは、私たちの復興事業に対する理解を深める上で大変ありがたい機会であった。感謝している。

＊＊＊

　この本は、私たち視察・編集グループのメンバーだけでは到底世に出すことはできなかった。二転三転、右往左往する私たちに辛抱強くつきあいながら、出版工程を管理してくれた万来舎の藤本敏雄さん。書籍の全体構成に目配りしながら一部の原稿作成にも入ってくれた編集者の田口昭さん。おふたりの豊富な経験と胆力がなければ、私たちの企画だけがいつまでもふわふわと宙を漂うばかりで、いつになっても本と

いう形に辿り着かなかっただろうと思う。心よりお礼と感謝の気持ちをお伝えしたい。DTP、装丁、印刷等の過程に携わってくださったプロフェッショナルの方々にも感謝している。

　そして最後に、私たちの10年間の視察と本書の出版は、三菱地所株式会社の全面的な支援の賜物であることを強調しておきたい。三菱地所の物心両面にわたる手厚い支援なくしては、この苦労の多かった視察旅行は完遂できなかったし、本書を世に送り出すこともできなかった。改めて三菱地所に深くお礼を申し上げたい。

2023年4月吉日

編著者を代表して　　伊藤　滋

編著者プロフィール

伊藤 滋　いとう しげる

都市計画家。東京大学名誉教授。「2040年＋の東京都心市街地像研究会」会長。1931年東京生まれ。東京大学農学部林学科・同工学部建築学科卒業。東京大学大学院工学研究科建築学専攻博士課程修了。工学博士。東京大学都市工学科教授、慶應義塾大学環境情報学部教授、早稲田大学特命教授、日本都市計画学会会長、建設省都市計画中央審議会会長、阪神・淡路復興委員会委員、内閣官房都市再生戦略チーム座長などを歴任。著書に『旅する街づくり』（万来舎）、『提言・都市創造』（晶文社）、『東京のグランドデザイン』（慶應義塾大学出版会）、『東京育ちの東京論』（PHP研究所）、『東京、きのう今日あした』（NTT出版）、『たたかう東京』、『かえよう東京』（以上、鹿島出版会）、『すみたい東京』、『つくろう東京』（以上、近代建築社）ほか多数。

写真クレジット　P.10-13・P.32-35・P.60-63・P.82-85・P.88上・P.89上・P.141上中：三舩康道
　　　　　　　　P.25下：平井一歩
　　　　　　　　上記以外：株式会社都市計画設計研究所

視察グループ　　伊藤　滋（都市計画家・東京大学名誉教授）＊
　　　　　　　　白根哲也（三菱地所株式会社）
　　　　　　　　三舩康道（ジェネスプランニング株式会社）＊
　　　　　　　　関口太一（株式会社都市計画設計研究所）
　　　　　　　　小野道生（株式会社都市計画設計研究所）　＊
　　　　　　　　梶原千尋（株式会社都市計画設計研究所）　＊
　　　　　　　　（＊は編著者）

視察協力　　　　石塚昌志（昭和株式会社）
　　　　　　　　平井一歩（一般社団法人アーバニスト）

編集協力　　　　田口　昭（イクチオステガ）

校正協力　　　　鷗来堂

デザイン　　　　市川由美

都市計画家・伊藤滋が見た
東北復興縦断 2011-2021

2023 年 5 月 16 日　初版第 1 刷発行

編　著：伊藤 滋

発行者：藤本敏雄

発行所：有限会社万来舎

〒 102-0072　東京都千代田区飯田橋 2-1-4　九段セントラルビル 803
電話　03 (5212) 4455
E-Mail letters @banraisha.co.jp

印刷所：シナノ印刷株式会社

ISBN978-4-908493-63-8